TROISIÈME CHRONIQUE DU RÈGNE DE NICOLAS Ier

DU MÊME AUTEUR

LA SAIGNÉE, Belfond, 1970.

COMME DES RATS, Grasset, 1980 et 2002.

FRIC-FRAC, Grasset, 1984.

LA MORT D'UN MINISTRE, Grasset, 1985.

COMMENT SE TUER SANS EN AVOIR L'AIR, La Table Ronde, 1987.

VIRGINIE Q., parodie de Marguerite Duras, Balland, 1988. (Prix de l'Insolent.)

BERNARD PIVOT REÇOIT..., Balland, 1989 ; Grasset, 2001.

LE DERNIER VOYAGE DE SAN MARCO, Balland, 1990.

UBU PRÉSIDENT OU L'IMPOSTEUR, Bourin, 1990.

LES MIROBOLANTES AVENTURES DE FREGOLI, Bourin, 1991.

MURUROA MON AMOUR, parodie de Marguerite Duras, Lattès, 1996.

LE GROS SECRET, Calmann-Lévy, 1996.

LES AVENTURES DE MAI, Grasset/Le Monde, 1998.

LA BATAILLE, Grasset, 1997. (Grand Prix du roman de l'Académie française, Prix Goncourt et Literary Award 2000 de la Napoleonic Society of America.)

IL NEIGEAIT, Grasset, 2000. (Prix Ciné roman-Carte Noire.)

L'ABSENT, Grasset, 2003.

L'IDIOT DU VILLAGE, Grasset, 2005. (Prix Rabelais.)

LE CHAT BOTTÉ, Grasset, 2006.

LA GRAMMAIRE EN S'AMUSANT, Grasset, 2007.

CHRONIQUE DU RÈGNE DE NICOLAS Ier, Grasset, 2008.

DEUXIÈME CHRONIQUE DU RÈGNE DE NICOLAS Ier, Grasset, 2009.

(suite en fin de volume)

PATRICK RAMBAUD
de l'académie Goncourt

TROISIÈME CHRONIQUE DU RÈGNE DE NICOLAS Ier

BERNARD GRASSET
PARIS

ISBN 978-2-246-76681-0

à Tieu Hong,

à Vélasquez, roi des peintres,
qui n'avait aucune complaisance
pour ses modèles de la Cour d'Espagne,

à l'Arétin, terreur des puissants,
qui mourut de rire à Venise en 1556.

« Ceux qui ont peur, la nuit, chantent, lui, il remue. Il fait rage, il touche à tout, il court après les projets ; ne pouvant créer, il décrète. »

Victor HUGO, *Napoléon le Petit*

Chapitre Premier

Au sortir de l'été, Notre Gigotant Monarque gonflait ses plumes et faisait la roue. L'an 2008 fortifiait ses appétits de pouvoir solitaire et il croyait étinceler aux yeux du monde entier, car il présidait pour six mois l'Union des Royaumes européens qu'il ne se privait point de bousculer, méprisant ces nations coagulées par l'intérêt qui n'avaient pas la même vitalité, les mêmes envies ni la même langue. Sans prévenir personne ainsi qu'il s'y était habitué à domicile, le Prince avait donc sacrifié une part de ses vacances au cap Nègre pour courir au nom de l'Europe de

Pékin à Damas, Moscou, Tbilissi, partout jouant le Surempereur providentiel, partout se haussant du plastron dans cette sorte d'insolence qui a plus fait détester les tyrans que leur tyrannie.

Notre Leader Survolté avait décidé que ses actes seraient désormais historiques, et il le serinait, et il se vantait, et il le prouvait en racontant que, seul, avec ses petits bras, il avait empêché l'armée russe d'envahir cette Géorgie dont le gazoduc et l'oléoduc échappaient à l'emprise du tzar ; il se prit alors pour ce valeureux Chinois en chemisette blanche, lequel arrêta en sautillant une colonne de blindés qui partait écrabouiller des étudiants sur la place Tienan men, vingt ans plus tôt. En vérité, Notre Naïf Satrape ne sauva point la Géorgie de son terrible voisin puisque le tzar Vladimir en annexa deux provinces, sur les contreforts du Caucase, qu'il transforma à perpétuité en camps militaires : Tbilissi, la capitale, restait à portée de canon. Les accords de paix hâtifs que Notre Prince Fébrile avait obtenus allaient tourner au désastre pour les populations coupées en deux par les nouvelles frontières, dessinées par Moscou, les unes réfugiées sous des tentes, les autres enrégimentées par l'Empire russe. Le tzar Vladimir avait l'œil froid et un sourire de loup ; Nicolas Ier, qu'il avait dupé, était devenu sa risée et son jouet, et il le traitait en privé de *dourak*, c'est-à-dire de cinglé. Quant au tzarévitch Dimitri, remuant fort de l'épaule et se dévissant le cou, il souleva une vague de rires, lors d'un banquet à Washington, par son imitation comique de Notre Majesté, mais les gazettes françaises furent les plus timides pour relever cette saynète.

Rien ne devant écorner l'image sacrée de Notre Glorieux Leader, les plumitifs préféraient rapporter une confidence lâchée dans l'avion qui l'avait emmené de Moscou à Tbilissi, autrement dit des trompeurs chez les trompés : « J'bosse pas pour les gazettes, hein, moi j'bosse pour les livres qu'on va écrire sur moi et sur tous mes talents. »

Nicolas Ier était un homme sans vision. Dans la société marchande qu'il aimait tant, il figurait une marchandise, vendait sans relâche son énergie, ses réussites imaginaires, des exploits que les gazetiers complices ou complaisants relayaient dans l'opinion, orchestraient, fortifiaient, disaient et redisaient afin que cela rentrât profond dans les cervelles. Ce fut donc en magnifiant son action à l'étranger que s'estompèrent les effets domestiques d'une mauvaise finance, et que la cote de Sa Majesté remonta un peu chez les ouvriers et les modestes, plus faciles à berner. Lorsqu'un général vainqueur avait droit au triomphe dans les rues de Rome, debout derrière lui, sur son char, l'esclave qui tenait la couronne de laurier au-dessus de sa tête bouillonnante lui murmurait : « N'oublie pas que tu es mortel... » Hélas, rien chez nous de cette pratique. La Cour se prosternait devant le Prince et saluait tous ses mots comme des bons mots.

Notre Précieux Leader considérait ses courtisans comme les légumes de son potager, bien alignés, silencieux, calibrés, disponibles, dépendants de son vouloir, juste faits pour la soupe. A ce propos, une histoire se colportait dans les coulisses du Château. Le Prince était à table avec des ministres et des élus quand le maître d'hôtel lui demanda :

— Que voudra Sa Majesté pour le déjeuner ?

— Un steak.

— Et pour les légumes, Sire ?

Le Prince passa lentement les yeux sur toute la compagnie :

— Des steaks aussi.

Notre Irascible Souverain n'avait point d'estime pour son entourage. Il maintenait ses ministres dociles en les ficelant par des honneurs et des charges : un bureau doré, une voiture, des valets et des gardes, cet appareil suffisait à les faire obéir ; pas un ne bronchait. Ils servaient aussi de public, parce que le Prince n'aimait rien tant que se sentir sur scène et applaudi, au risque d'être perdu par la flatterie. Cette manie de se placer au centre des affaires, à défaut des affections, nuisait sans doute à sa réflexion personnelle, dont il était dépourvu, et Cicéron aurait pu écrire de lui ce qu'il avait écrit de l'orateur Démosthène : « Oui, il avait appris à parler devant les autres mais fort peu à s'entretenir avec lui-même. »

Peu importait ce manque à Notre Immense Leader. Plutôt que sur l'opinion d'un peuple versatile, qu'il savait engourdir par des paroles, son pouvoir reposait d'abord sur le Parti impérial ; il l'avait construit comme une machine dont il surveillait en personne le fonctionnement, contrôlant tout, déléguant fort peu. Le Prince recevait deux fois par semaine les chefs de son Parti, qu'il multipliait ou changeait à volonté afin qu'aucun d'eux ne s'habituât à commander seul. Les réunions commençaient toujours par un éloge du Souverain et de ses dernières actions puis chacun des chefs recevait des instructions, des discours, des slogans fabriqués au Château par la toute-puissante officine des Conseillers. Quoi ? s'étranglait Sa Majesté, le Parti impérial a perdu en un an près de cent cinquante mille adhérents ? Il fallait recruter pour livrer aux gazettes des chiffres décents. Il y eut alors à Royan, où le Prince avait des souvenirs de jeunesse, ce qu'on appela un campus. Cela consistait, sous le crachin, à montrer l'unité parfaite de chefs impériaux qui se guettaient et se détestaient. Les plus tendres des partisans, embrigadés comme *jeunes populaires* puisqu'il fallait caresser le peuple, reçurent une consigne du Leader Suprême : « Allez et doublez le nombre de nos adhérents ! » De là fut lancée une opération nommée « Les pépites de la Nation » ; un nombreux détachement de ces jeunes missionnaires en shetland s'en alla évangéliser Bobigny, Aulnay, les faubourgs de Lyon ou de Marseille ; en chemin ils raflèrent des adolescents auxquels ils prêchaient que la banlieue n'était pas réservée à la Gauche. On ne connut pas les résultats de cette croisade pauvrette, mais Sa Majesté elle-même dut y mettre du sien. Elle se rendit aux chantiers de Saint-Nazaire qui grondaient, pour poser au milieu d'un groupe d'ouvriers choisis pour leur petite taille, en bottes et en casque, dans une salle close à l'abri des mécontents.

Parce que le Prince voulait tout savoir sur tous, il se croyait tout permis. A son adresse, des gazetiers évoquaient souvent Napoléon à tort, mais les deux monarques partageaient un sens policier très affirmé. Nous savons la célèbre mise en scène de la visite aux troupes. Napoléon s'arrête devant un grognard et lui tire l'oreille : « Sergent Cruchot ! tu étais à Lodi et à Marengo!» Et chacun de s'ébahir : «Ce diable d'homme connaît jusqu'au plus petit de ses soldats!» Napoléon n'avait aucune mémoire des noms, mais les officiers qui l'entouraient lui passaient des fiches. Il y prit goût et en réclama bientôt pour les cent millions de sujets de ses cent trente départements : leur histoire, leur religion, leur fortune, leurs idées politiques, leur santé. Chacun devait avoir sa fiche. En 1807, le ministre Fouché donna des instructions aux préfets qui s'empressèrent de mentir pour présenter leurs administrés épris du régime. Cette inquisition sombra dans le ridicule. Avec les moyens modernes, et l'électronique qui peut suivre chacun d'entre nous à la trace, Notre Tempétueux Souverain espérait un fichier d'une ampleur magistrale.

Alors l'affaire Edvige éclata.

Edvige n'était point un prénom de femme mais le nom de code d'un fichier né en douce et par décret, à la fin du mois de juin. Notre Prince n'avait rien trouvé à y redire, ni M. le Cardinal de Guéant qui tenait la haute main sur toutes les surveillances. Nicolas Ier imaginait la société comme un supermarché qui espionne ses clients avec des caméras et des vigiles, les soupçonnant de dérober une choucroute en conserve ou deux flacons de

Canard-WC. Edvige devait répertorier les délinquants en puissance ; notables de tous domaines
dont il fallait savoir la vie et les mœurs, gamins des
cités qui avaient déjà plongé la main dans le sac
d'une dame, bref, ceux qui jouaient un rôle *ou*
risquaient de troubler l'ordre public. Ces notions
flottantes concernaient quinze millions de personnes dont il fallait noter les opinions, les croyances,
l'origine raciale, l'orientation sexuelle, l'apparte-
nance à un syndicat, les tracas de santé... La vie
familiale d'un industriel côtoyait celle d'un lou-
bard de treize ans pour des raisons et des usages
différents, car les renseignements de police se
mêlaient à des fiches judiciaires au nom de la
sécurité. « Et au mépris de la vie privée ! » crièrent
sept cents associations en furie, puis parut une
pétition monstre. La contestation enfla pendant
l'été et elle gagna des juges, des patrons, des ministres et même des membres du Parti impérial.
Notre Invincible Potentat sentait compromise sa
remontée de popularité et, dans l'avion qui le
ramenait une fois encore de Géorgie, il grogna :
« J'vais devoir m'en occuper ! »

Pour qu'on ne l'accusât point, le Prince dut selon sa pratique ordinaire sacrifier illico un respon-
sable du cafouillage ; jetant ce sous-fifre en pâture,
il pourrait se défausser puis se blanchir. Ce fut

Mme d'Alliot-Marie, duchesse de Saint-Jean-de-Luz, qui occupait à ce moment le ministère de la Police et du Renseignement. « Elle est nulle ! dit Sa Majesté, elle a pas d'flair, elle a pas réagi dès le début, j'veux une solution au plus vite ! » Ce jugement circula et dans les gazettes on titrait à propos de la duchesse de Saint-Jean-de-Luz : *La femme à abattre*. Son entourage se clairsema. Un courtisan expliqua plaisamment qu'il fallait tenir le pot de chambre aux ministres tant qu'ils étaient en puissance, et le leur renverser sur la tête sitôt qu'on s'apercevait que le pied leur commençait à glisser. « Elle a fait son temps », répétaient les serviles.

Néanmoins la duchesse assurait sa charge, même si Sa Majesté l'avait placée sous la tutelle de M. le Cardinal et encadrée par un aéropage de fidèles sélectionnés par le Château. On la vit un jour constater l'incendie du tunnel sous la Manche, le lendemain visiter les sinistrés d'une grave inondation dans le Nord, et se trouver à Lourdes aussitôt après pour saluer M. Benoît XVI en voyage d'affaires. Elle ne semblait jamais entamée par les rebuffades du Prince, à cause de ses origines et de son expérience.

La duchesse de Saint-Jean-de-Luz était amidonnée, chevaline et revêche d'allure, avec une mèche blonde qui lui roulait sur le front comme une vague de l'Atlantique; elle aimait le rugby, les forêts de pins et la politique. Ses grands-parents comme ses parents avaient résisté aux Germains de M. Hitler et aux slogans de M. Pétain, dont l'un faisait cependant le programme de Notre Historique Majesté, *Travail, Famille, Patrie.* La mère de la duchesse, qui avait dirigé une entreprise, lui avait appris à supporter la mauvaiseté d'autrui et les piques qui devaient lui glisser dessus comme la pluie sur les plumes d'un canard landais. Sous le roi Chirac, elle avait commandé aux armées et s'y fit admettre en réveillonnant avec des brutes en Afghanistan et en Côte-d'Ivoire où nous maintenions la paix en menant une guerre. La duchesse avait appris à passer les troupes en revue et elle portait le pantalon avec tant de naturel qu'à un huissier du Parlement, qui lui signalait que les femmes n'y avaient point droit dans l'hémicycle, elle répondit comme on donne un coup de cravache : « Vous voulez que je l'enlève ? »

La duchesse de Saint-Jean-de-Luz exaspérait le Prince qu'en retour elle ne pouvait souffrir, car elle ne parvenait toujours pas à s'imaginer qu'il fût au sommet du pouvoir. Leurs échanges hérissés duraient depuis plus de vingt ans, lorsqu'elle était déjà ministre et Sa Majesté un simple noueur d'intrigues. Nicolas Ier n'arrivait pas à s'en débarrasser et la duchesse le provoquait dès qu'elle en avait l'occasion ; à Royan, récemment, sous le chapiteau du campus, songeant qu'elle avait dirigé le précédent parti de la Droite, elle lança aux militants que ce qui manquait au Parti impérial c'était un chef visible ; les pantins que Sa Majesté avait mis à sa place n'avaient point d'étoffe. Elle en profita pour relancer un club à sa dévotion, et, sur son stand, accueillit par dizaines les députés majoritaires qui doutaient de Sa Majesté...

Malgré son influence, malgré son savoir-faire et sa facilité à avaler les humiliations répétées du Prince, elle dut fléchir et nettoyer son décret de ce qui fâchait. « Comme cela, disait-elle, le texte est transparent. » Il était si transparent qu'on voyait au travers, mais il fallait apaiser les remous soulevés par Edvige. Sa Majesté se demandait de son côté par quoi recouvrir l'incident afin qu'on l'oubliât.

Ce fut la Crise qui s'en chargea.

Un 15 septembre, le chevalier de Guaino entra en jubilant dans le bureau impérial. Ce Premier secrétaire du Prince, qu'on disait en disgrâce parce qu'il avait été privé de parole et de voyages pour en avoir abusé, avait le poil gris sensiblement blanchi vers les tempes, un front plissé, le même costume bleu à fines rayures que Son Maître.

— J'avais raison, Sire! dit-il en se raclant la gorge. L'aristocratie financière meurt de ses turpitudes!

— Tu t'calmes et tu expliques...

— Lehman Brothers vient de tomber!

— Y s'est fait mal?

— C'est l'une des plus puissantes banques en Amérique, Sire. Zéro! Ruinée! Plus de joujou! Des milliards envolés! Pire que Merrill Lynch l'année dernière, vous vous en souvenez, plus de deux milliards de pertes!

— J'me souviens? Non.

— C'est la Crise! Elle va gagner le monde puisque le monde est mangé par l'aristocratie financière, et quand ça se détricote là-bas, ça vient chez nous! L'horreur est mondiale pour la première fois! Ce capitalisme joueur est pervers, il doit être puni.

Le chevalier portait sous son bras l'essentiel de son savoir économique, deux albums des aventures de M. Tintin. Il ouvrit *L'Etoile mystérieuse* à la page 22 :

— Voyez, Sire, un banquier véreux se confie à son secrétaire et il lui dit, en tirant sur un cigare de prix : «Sous le couvert d'une expédition scientifique, mon but est de prendre possession de cet aérolithe et de ce métal inconnu... Il y a là-bas une fortune colossale qui nous attend et ne nous échappera pas!» Alors ce chacal emploie tous les moyens pour contrarier le cargo des vrais savants : la dynamite, le naufrage, le carburant refusé à l'escale d'Islande, parce que, bien sûr, le banquier a le monopole de la Golden Oil...

— Tu veux en v'nir où ça? demanda Notre Lumineux Leader qui passait en économie pour un amateur.

— Mettons les financiers au pilori! Le mal est dans leur nature. Voyez encore *Vol 714 pour Sydney* aux pages 24 et 25. Lorsque le docteur Krollspell fait une piqûre de sérum de vérité au milliardaire Carreidas, pour qu'il livre le numéro de son compte en Suisse, il avoue son horrible passé, comment il a volé une bague de sa mère mais en laisse accuser la servante. Il dit lui-même que le fond de sa nature est mauvais, qu'à quatre ans il était déjà un véritable génie du mal...

— Qu'est-ce qu'on fait?

— On moralise le capitalisme, Sire. Barre à bâbord!

— Mais faut que j'maintiens mon cap, hein?

— Comme nous n'avons plus que des mauvaises idées, Sire, continuons à emprunter ses bonnes recettes à la Gauche, et que la politique réglemente l'économie!

Le système avait commencé à se fissurer en Amérique trois ans plus tôt, quand les géants de l'industrie des voitures firent faillite, jetant à la rue trois millions d'ouvriers et sinistrant la région de Detroit. Les banques avides avaient prêté à des pauvres ou à des mal payés; ils ne purent rembourser leurs traites une fois au chômage; on saisit leurs maisons qu'ils avaient dû hypothéquer. La crise économique entraîna ainsi une crise sociale qui aboutit à la déroute des banques.

Notre Monarque Visionnaire était dans l'embarras pour avoir longtemps prôné l'endettement des ménages et blâmé la frilosité des banquiers qui n'accordaient point de crédits aux gueux. Au printemps de l'an passé, il avait regretté avec amertume que les familles de notre pays fussent les moins endettées de toute l'Europe : «Une économie qui s'endette pas assez est une économie qu'a peur du lendemain. C'est pour ça que j'souhaite développer chez nous le crédit hypothécaire, parce que faut pas écarter ceux qu'ont pas trop les moyens. J'veux une France de propriétaires!»

La peur du lendemain était entre-temps devenue celle du jour. Des millions d'Américains sans travail furent expulsés de leurs pavillons que rachetaient à bas prix des filous dans la combine.

Le magnifique rêve de prospérité à crédit de Notre Dépensier Souverain venait à la seconde de crouler avec le building de Lehman Brothers ; il fut contraint de négocier un sérieux virage pour se contredire sans en avoir l'air, mais il est plus aisé de changer de convictions lorsqu'on n'en a pas.

— Sire, dit le chevalier de Guaino en se raclant une nouvelle fois la gorge, écoutez cette sentence de Saint-Just à la tribune de la Convention...

— C'est l'patron des financiers, ton Saint Jules ?

— Qu'importe, Sire, Saint-Just disait : « Il faut faire peur à ceux qui gouvernent. Il ne faut jamais faire peur au peuple. »

— Mais c'est moi que j'gouverne !

— Non, Sire, pas vous mais les croquignols de la Finance planétaire.

— Ah ben ça, tu m'la coupes ! On leur fait peur comment, à ces zigotos ?

— Vous devez les dénoncer pour éviter de l'être.

— Tant mieux, et puis les banquiers qui prêtent aux gens l'argent qu'ils mettent dans leur banque, j'ai jamais trop aimé ça.

— Montrez-vous en révolutionnaire, Sire, soyez intraitable, c'est-à-dire que si vous traitez, cela doit s'opérer en secret. Ainsi, vos sujets penseront que vous les protégez.

Notre Vaillant Leader, qui annonçait tous les

six mois, avec force clairons, qu'il avait changé, changea vraiment mais de discours. Il testa ses nouvelles vertus jacobines à New York, fort d'un prix du courage politique que venait de lui remettre une revue acquise aux impériaux. Ce fut au Cipriani, dans le quartier de Wall Street, un restaurant select installé dans les anciens locaux d'une banque faillie, avec une décoration du style péplum de la Paramount, lustres en bronze, colonnes de faux marbre, et, surtout, près de huit cents invités qui avaient chacun payé leur place entre vingt mille et soixante-quinze mille dollars selon les gazettes. Tous ces richissimes portaient des robes du soir ou leurs costumes de pingouins à nœud papillon, comme Leurs Majestés, car Madame était venue en longue robe bleu roi. Notre Exaltant Leader ne lut point les feuillets qu'on lui avait préparés pour cet auditoire de luxe, mais il s'élança sur sa toute nouvelle ligne : « Que les responsables de la Crise soient punis ! » Or ils étaient là, devant lui.

Sa Majesté Fougueuse persévéra quelques jours plus tard à Toulon, où, avec des phrases pesées et ouvragées par le chevalier de Guaino, elle reprit sans vergogne les vieilles idées de cette Gauche qui, la veille encore, lui paraissaient désuètes et sans valeur. Les marchés sont fous ! déclama le

Prince. Ils sont de plus en plus abstraits et compliqués afin que nul n'y comprenne goutte, ils sont sales, organisés comme la Mafia, avec des îlots hors contrôle où l'impôt est malvenu. Que faire? Là, Notre Implacable Souverain retrouva ses réflexes : il fallait cogner. Comment? Avec l'Etat, lequel devait fourrer son nez dans cette économie mortifère et contagieuse qui ruinait la planète. Alors Notre Tourbillonnante Majesté, à la tribune, devant les gens médusés du Parti impérial, plaida pour que les salariés fussent intéressés aux résultats autant que leurs dirigeants, et que ces dirigeants, après avoir coulé leur entreprise, ne s'en allassent point sous les tropiques avec des fortunes. Notre système de protection avait mieux fonctionné que partout ailleurs, et nous résistions mieux à la bourrasque, grâce aux services publics par définition en dehors du marché. Le *Wall Street Journal* l'affirmait: même en Amérique, nationaliser n'était plus un péché.

Le peuple s'affolait et Sa Majesté voulut le cajoler en lui certifiant que ses économies seraient garanties par l'Etat. Dans un même temps il fallut maintenir à flot lesdites banques. Avec trois milliards d'euros le Prince sauva de la banqueroute un misérable établissement franco-belge, puis les milliards valsèrent, il en sortait de partout, deux pour financer les entreprises essoufflées, trois cent soixante pour les assureurs et les banquiers, qui furent reçus au Château pour y être sermonnés. « Vivement que ça finisse, pensaient-ils, que nous reprenions notre train-train comme avant... » Sitôt aidés, ces hommes d'argent se gobergeaient. Au restaurant de l'Hôtel de Paris, à Monaco, les renfloués franco-belges de Dexia avaient dîné pour deux cent mille euros, mais c'était un repas de travail, dirent ces plaisantins. Le lendemain, une cinquantaine de courtiers au bord de l'abîme et rachetés avaient déjeuné fort modestement pour un semblable prix ; les malheureux avaient commencé par un homard au bouillon de châtaignes, suivi d'un risotto aux cèpes et de la poitrine de pigeonneau ; certains se demandèrent qui étaient les pigeonneaux. Ces cas n'étaient point isolés, et il y en eut bien d'autres dans le monde ; nos gazettes les livraient à la curiosité, ce qui mettait de mauvaise humeur. Sa Majesté en eut vent et modifia son calendrier. Ainsi du Congrès européen des apprentis, qui se tenait à Bercy. La voiture et le cortège étaient prêts quand le cardinal de Guéant dit un mot à Nicolas Ier :

— Votre Grandeur, on vient de m'avertir qu'au moins douze mille jeunes vous attendent...

— Bravo !

— Beaucoup d'entre eux sont déjà en train de siffler votre nom...

— Ah ben j'y vais pas! Ça aurait l'air fin, qu'on ose siffler le Maître de l'Europe qui s'apprête à sauver le monde!

Notre Prince n'était point au terme des vexations. Il se rendit comme prévu à Sandouville, chez Renault, mais les ouvriers venaient de décider la grève; afin que cette rencontre se déroulât sans insultes ni crachats, pour la première fois depuis trente-huit ans des gendarmes mobiles envahirent l'usine. La visite des chaînes de montage fut supprimée puisqu'elles avaient été arrêtées et désertées, et, tandis que les ouvriers restaient bloqués dans leurs ateliers, le Prince s'entretint sans panache dans un bureau avec le directeur et huit syndicalistes.

La situation était affreuse. Les banques tombaient les unes après les autres. La panique du peuple dépassa la raison. On imaginait que l'argent allait s'enfuir, que la monnaie ne vaudrait bientôt plus que le prix du papier, on se ruait sur les établissements publics parce qu'on craignait les affairistes du privé, on cachait ses économies dans des coffres, quelques-uns achetaient de l'or. La plupart des Français craignaient chaque soir de se réveiller pauvres.

Qu'attendait ce vieux monsieur bien mis, à la fin du marché? Dès que les vendeurs plièrent leurs étalages et jetèrent dans des cageots leurs légumes abîmés, le vieux monsieur se précipita pour faire son tri : un trognon de chou, deux carottes cassées, des feuilles d'endives noircies et des cosses de petits pois; ce soir il allait manger de la soupe, et y faire tremper les croûtons rassis qu'il avait récupérés chez le boulanger voisin. Quand il n'y avait pas de marché, le monsieur très digne se retrouvait autour des poubelles du supermarché avec d'autres miséreux qui fouillaient les déchets comme des vautours dont ils avaient le cou maigre et déplumé. Il y avait déjà sept millions de parfaits pauvres dans l'Empire de Sa Majesté. Les plus futés avaient des adresses de hangars, à la sortie des villes, où ils pouvaient acheter à bas prix de la nourriture défraîchie.

Autrefois, à San Francisco, les tribus colorées qui refusaient la société de consommation s'installaient franchement au fond des magasins et s'empiffraient sur place, puis repartaient devant les caisses, les mains dans les poches et le ventre plein. C'étaient désormais des commandos bien-veillants qui distribuaient gratuitement du foie gras, du champagne et des spaghettis aux clients peu argentés des grandes surfaces. A Rennes, à

Grenoble, à Paris, ces collectifs de chômeurs et de précaires réquisitionnaient dans les rayons les produits nécessaires, et les clients les soutenaient : « Vous avez raison, c'est trop cher. »

La Crise qui nous frappait ne relevait point d'une dérive particulière, comme le ressassait Sa Majesté, mais elle tenait au système dès son origine. Dans un autre siècle, au temps de Dickens, l'Anglais William Morris, poète puis conférencier social, s'indignait de la morgue des aristocrates de la Finance. Il dénonçait leur cupidité : la civilisation se réduisait à amasser des marchandises inutiles que nous achetions pour les enrichir, en nous éloignant des simples besoins naturels. La baisse de la qualité était alors due à cette notion de quantité que Notre Prince vénérait. A Londres, Morris se demandait comme nous : où trouver du bon pain qui croustille ? un couteau qui coupe ? pourquoi nos logements sont-ils à ce point hideux et indignes d'être habités ? A quoi bon toute cette camelote ? Il n'y avait rien à mesure d'homme puisque tout servait à multiplier l'argent pour les uns et la misère pour les autres.

Face à l'angoisse collective qu'il ne pouvait ignorer parce que ses Conseillers lisaient les échotiers et croisaient parfois des quidams dans les rues, Notre Attentif Monarque prit des mesures fortes. D'abord, il ne portait plus en public ses Ray Ban qui lui donnaient une dégaine de caïd sicilien, et lorsqu'il se montrait au soleil il plissait les yeux comme un chimpanzé dont il avait adopté les grimaces. Ensuite il manifesta son courroux quand il vit dans des magazines ses ministres figurer en tenue de soirée : « En ce moment, les Français se serrent la ceinture, c'est pas la peine qu'ils vous voient parader et jouer les milords ! »

Cependant le budget du Château enflait à cause des voyages impériaux, des frais de réception et du personnel qui coûtait autant que celui d'une ville de cent mille habitants. Sa Majesté ne faisait de réelles économies que sur les fleurs et le vin. Allons ! pour côtoyer les plus grands de ce monde, le Prince n'allait pas s'enfermer dans un cabanon. Sa vitalité était entière et la Crise, derrière laquelle il s'abritait, le dopait. Les faillites qui se multipliaient ? La Crise. L'endettement de l'Etat ? La Crise. Le pouvoir d'achat qui dégringolait ? La Crise. Le chômage en augmentation permanente ? La Crise ! Et les grandes compagnies profitaient de ce même prétexte pour jeter à la porte des dizaines de milliers d'ouvriers et d'employés.

Le peuple n'était même pas déçu ni révolté, il ne croyait plus aux résultats promis. Cela s'installait, cela risquait de s'éterniser, il fallait se débrouiller avec. La politique ? On s'abstenait d'y toucher, on ne votait plus guère, et pour qui ? On ne comptait plus que sur soi, la société s'atomisait, même plus en tribus mais en individus. On semblait retourner vers les années soixante-dix du siècle dernier, quand à La Courneuve, cité déjà désolante, une jeune fille rebelle constatait que « les organisations politiques traditionnelles n'ont aucun rapport avec le bonheur ».

Vers l'automne il y eut une lueur, elle venait d'Amérique. Ce fut l'avènement de M. Obama, qui, d'un coup, rapetissa Notre Prince.

La nouvelle courut la planète d'une manière fulgurante ; ce fut un soulagement et un espoir lorsqu'on proclama élu, à la tête de l'Empire américain, celui qui représentait l'exact contraire de Johnny Walker Bush dont les huit ans de règne avaient été calamiteux et guerriers, brisant l'image de son pays et développant contre lui un terrorisme acharné. M. Obama fut salué et les foules étaient euphoriques à Caracas comme à Gaza, Beyrouth, Londres, Téhéran, Paris, Berlin, Mexico, Le Caire, Kaboul, Casablanca, même à Wall Street, même chez les vachers floués de l'Indiana. M. Obama avait un don, un charme, une voix, une allure. Avec la plus fine valeur et la plus tranquille, ses vues étaient vastes, ses projets concertés; il avait une facilité extrême à mener des troupes, l'art de prendre ses sûretés partout. Jamais, avec lui, d'ordres confus, de marches inutiles, mais la justesse du coup d'œil, un sourire et une démarche car il bougeait comme un danseur de Broadway. Avec cela des vertus que Johnny Walker Bush ne possédait point, l'humour, le calme et la fermeté.

Ce fut le premier Noir à emporter cette Maison Blanche qui fut bâtie par des esclaves à l'époque de M. Jefferson, le père de la Constitution; le peuple d'Harlem le savait, qui avait de la fierté et de la peur. « Je prie pour qu'on ne l'assassine pas! » disait une vieille dame. « Avant, confiait un autre, nous entrions dans les Palais avec une serpillière et un balai-brosse, demain nous serons dans le Bureau ovale. »

Quoique le métissage augmentât et qu'il fût moderne, parce que les Cheyennes, les Tonkinois, les Chicanos, les tourneurs de raviolis chinois ou de pizzas, les Africains se mélangeaient davantage, sans préjugés mais avec naturel, cette Amérique des quakers et des hippies semblait ne point connaître officiellement les nuances; on s'y déclarait blanc ou noir, on ne savait pas nommer les mille raffinements de l'éventail brésilien des couleurs de peau, chocolat, café, cuivré, caramel, rhum, ocre, ivoire. M. Obama, à quarante-sept ans, symbolisait un pays forgé par des immigrés venus de tous les horizons avec toutes les couleurs et toutes les croyances, on eût dit qu'il les ramassait en lui et redonnait à son continent si vaste la morale des fondateurs contre celle des pétroliers.

Son père très noir appartenait à la tribu Luo qui élevait des chèvres, au Kenya, mais en habile économiste il fut invité à l'université d'Honolulu ; musulman et boursier, il y rencontra une étudiante très blanche du Kansas ; M. Obama en naquit, à Hawaii, le pays des chemises à fleurs et des palmiers. Quand il eut deux ans, son père partit à Harvard puis rentra en Afrique où il pensait en vain jouer un rôle, mais il se tua dans un accident de voiture. Sa mère se remaria à un homme d'affaires indonésien et le jeune M. Obama apprit le Coran à Djakarta avant d'étudier dans une école catholique. Revenu en Amérique, diplômé, il refusa un emploi dans une firme de Wall Street pour choisir le South Side de Chicago et y défendre les pauvres. Quand à vingt ans on lui donna cinq minutes pour évoquer l'apartheid devant des étudiants de Los Angeles, il fascina son auditoire pendant une demi-heure ; il mesura ce jour-là son ascendant. Plus tard il devint sénateur de l'Illinois au siège de M. Lincoln, l'un de ses modèles, et, comme celui-ci désireux de rassembler pour apaiser, il choisit désormais dans ses discours le *nous* à la place du *je*.

Notre Tressautant Leader était piqué. L'empereur Obama lui volait la vedette en le remplaçant à la une des gazettes, même en France, quant à l'impératrice Michelle, qui avait belle et énergique tournure, dont les ancêtres étaient arrivés enchaînés du Ghana pour trimer en Caroline du Sud, elle éclipsait la ci-devant comtesse Bruni. L'une était avocate et militante, très à l'aise pour parler aux foules ; l'autre n'avait que son minois glacé et un filet de voix pour susurrer des berceuses.

Lorsque Notre Egotiste Leader avait croisé son nouveau collègue, deux ans plus tôt, il avait dit : « Ce type-là c'est une star ! », sans penser qu'un jour il serait par lui vieilli.

Il voulut se raccrocher, fut le premier à féliciter l'empereur Obama en lui expédiant une missive à cinq heures vingt-six du matin, soit quatre minutes après les résultats de son élection ; malencontreusement il ajouta de sa main un *cher Barak*, comme si les deux se fréquentaient à l'intime, mais il omit une lettre car cela devait s'écrire *Barack*, ce qu'une gazette tabloïde de Germanie releva pour se moquer du fanfaron. Cela n'empêchait, Notre Prince voulait figurer au côté de l'empereur Obama pour sauver le monde, et former un attelage, mais l'Américain y était fort réticent. Dans une gazette non encore trop formatée par le régime, nous eûmes droit à la comparaison point par point de l'empereur Obama et de Nicolas Ier. Le premier était grand et élancé, le second trapu et moindre. Le premier s'habillait chez Brooks Brothers, le second, malgré des costumes sur mesure, semblait toujours sortir d'un sketch de M. Fernand Raynaud. Le premier se détendait en jouant au basket, le second en accumulant les petites foulées autour de la pelouse du Château. Le premier lisait *Moby Dick*, Shakespeare et Nietzsche, le second préférait *Thierry la Fronde* et le vélo. Le premier réglait chacune de ses phrases et n'improvisait jamais, le second adorait sortir de son texte et se livrer à des digressions d'un goût parfois contestable. Le premier voulait ouvrir son gouvernement pour terrasser la Crise, le second pour torpiller les partis adverses. Le premier trouva des soutiens de prestige à Hollywood et chez des musiciens en renom comme Stevie Wonder ou Bruce Springsteen, le second ne nous présenta que des tocards que nous n'osons même pas nommer. Le second appelait le premier *mon copain*, mais celui-ci ne le reçut point quand il vint à Washington en novembre avec Madame. Alors Sa Majesté se mit à fredonner le grand air de la jalousie.

Chapitre II

Tandis que Notre Désopilant Leader pestait contre l'intrus américain qui le méprisait, le Parti social l'aidait en se taisant à tenir ferme sur son trône. Par définition principaux adversaires du Parti impérial, les sociaux n'ouvraient plus la bouche que pour respirer et non pour dire, car aucune parole mémorable n'en sortait, à la façon d'un merlan rejeté sur le sable et qui, promis à une lente et douloureuse asphyxie, boit de l'air en remuant la mâchoire sans émettre un son. Les généraux semblaient aussi nombreux que leurs troupes depuis que les gens de peine et les ouvriers avaient été gommés, lesquels autrefois en figuraient les bataillons et cela malgré les alarmes répétées d'un podestat du Nord, M. Mauroy, qui avait naguère tenu la barre. Voici qu'au moment de désigner celle ou celui qui, par un choix des militants, allait diriger le Parti social contre Notre Prince, ne restèrent en lice que deux matrones, la bourgmestre de Lille, Mme d'Aubry, sévère sous sa frange mais avec une réputation, et Ségolène, archiduchesse des Charentes, que les échotiers montaient en favorite depuis qu'à l'élection impériale elle avait été terrassée par Notre Phosphorescente Majesté et en tira gloire dès le soir de la raclée, comme éveillée par cette concurrence, saluant la foule des déçus en promettant d'autres victoires, car le mot de défaite n'était point dans son vocabulaire.

L'archiduchesse des Charentes était une personne tout occupée de sa grandeur, de ses chimères, toute composée, tout embarrassée, embuée par elle-même, avec un esprit peu souple, une dévotion affichée pleine d'extérieurs et de façons ; en deux mots rien d'aimable, rien de sociable, rien de naturel ; grande, droite, un air qui voulait imposer et néanmoins être doux, mais austère et tirant fort sur l'aigre-doux. Personne ne s'en accommodait, elle ne s'accommodait de rien ni de personne. Quand elle manqua le trône, elle avala cet amer calice sans faire semblant de rien, puis les succès de ses artifices lui donnèrent la confiance de les continuer, aussi monta-t-elle à l'assaut de ce Parti dont elle payait la carte mais qu'elle fréquentait mal. Cette couronne lui tournait la tête. Elle avait un esprit fertile en intrigues sourdes, une ambition démesurée, la permanente envie de se faire attendre qui la faisait toujours venir en retard ; rien ne la pût retenir, et sous un extérieur de madone, méchante au dernier point.

Il lui fallut d'abord contrôler son aspect et ne livrer aux gazettes que des images choisies par ses proches et faites pour elle, où elle fût en valeur et en lumière, puis répandues gratuitement à la manière des réclames. Elle savait mélanger le personnel et le public ; tantôt la voici en maillot sur une plage ensoleillée, tantôt dans l'émirat du Qatar quand elle y tint une conférence essentielle sur les microcrédits financés par les Charentes dans le secteur du chabichou. Elle délaissait les réunions graves, préférait citer M. Woody Allen, s'entoura de rockers pour un spectacle qu'elle offrit sur une scène de Paris, en tunique indienne bleue, les cheveux lâchés en vaguelettes pour prêcher la fraternité comme dans un temple de Boston, avant d'entonner *Le Chiffon rouge*, ce vieux chant des prolétaires du Pas-de-Calais. A ceux qui la plaisantaient ou s'indignaient de sa façon d'être politique, un ancien agent d'actrices, devenu son imprésario, ce comte Besnehard si poupin et si zozotant qui joua autrefois le rôle de Louis XVI dans un feuilleton, répondait que la fête donnait mieux de lustre aux idées qu'un discours annoncé : « Je trouve bien plus choquant de voir le couple impérial faire du shopping dans les rues de New York en pleine crise. » Si les courtisans la traitaient de folle et d'illuminée, le Prince ne participait point à la curée des impériaux qu'il avait lâchés comme des teignes après elle. L'archiduchesse n'en avait cure ; magnifiée sous les insultes, et, surtout, par sa méthode et son vouloir, elle ressemblait trait pour trait au Prince qu'elle voulait un jour remplacer sur le trône, croyant que la première tentative lui avait permis d'entraîner après elle plus de dix-sept millions de citoyens, parce qu'elle refusait la mathématique et que nombre de ceux-ci avaient plutôt voté contre Nicolas Ier que pour l'archiduchesse.

Il faut s'arrêter ici un instant pour mettre en regard les stratagèmes de l'archiduchesse et de Notre Adorable Autocrate ; faire une sorte de calque qu'on juxtaposerait pour montrer une ressemblance qui troublait mais servait le Prince, car à quoi bon rejeter celui-ci et le remplacer par une sœur jumelle : ils jouaient une même musique avec les mêmes instruments. *Moi d'abord* était leur devise, pareillement autosatisfaits et contents de soi. Afin qu'on les aimât ils posèrent souventes fois en victimes. Sa Majesté répétait que les gazettes étaient injustes et mordantes, quand la plupart lui léchaient les souliers. L'archiduchesse se sentait diffamée et injuriée ; lorsqu'elle fut cambriolée pour la troisième fois, dans son rez-de-chaussée des Hauts-de-Seine, elle posa en martyre de sa cause. « Je me sens écoutée, dit-elle, mes allées et venues sont espionnées. » Aussitôt elle désigna le Prince, parce que la veille elle avait mis en cause ses relations puissantes et riches, ce qui lui permit d'ajouter : « On chamboule mon appartement, on remue les tiroirs et on ne me vole rien, c'est qu'on veut m'intimider, que je me taise. » Précisons que l'enquête de la police ne mena nulle part, quand tout avait été mis en œuvre pour retrouver en quelques heures le scooter volé du Prince Jean...

Se présenter en victime était déjà une recette efficace dans l'Athènes de Solon. Voyons comment, par un subterfuge, le démagogue Pisistrate devint tyran. Il avait déjà du prestige chez les paysans pauvres et les commerçants qu'il appuyait par des harangues contre le pouvoir ; un jour, il traversa la ville tout éclaboussé du sang d'un poulet. « On a voulu me tuer ! » criait-il, puis il réclama une garde pour se protéger, ce qui lui fut accordé, et avec il s'empara du trône par les armes. De nos jours, mêmement, il fallait une armée pour grimper sur le trône, cela se nommait un Parti, qu'on devait au préalable dompter. Sa Majesté dut passer par cette voie et l'archiduchesse pensait y parvenir. Tous deux méprisaient leur camp et qui le composait ; ils criaient comme Pisistrate : « Ils nous détestent parce que nous sommes différents ! » L'une venait d'un milieu de droite, catholique et provincial ; l'autre d'un père hongrois et d'une mère sans le sou. Les deux voulaient une revanche sur les leurs. Le Prince avait été honni et chargé de quolibets quand il avait trahi le roi Chirac, l'archiduchesse parce que les généraux du Parti social la traitaient de cruche. Les deux voulurent domestiquer leur Parti en écartant les barons et mieux séduire la piétaille. Lorsque le Prince avait soudoyé pour son gouvernement des personnes marquées à Gauche, c'était afin de miner ses adversaires *mais aussi ses amis*, lesquels, autrefois, l'avaient maltraité ; lorsque l'archiduchesse fut choisie pour mener la Gauche à l'élection impériale, elle le dut à sa popularité en dehors de son

44

Parti; elle savait que moins les gens étaient diplômés et plus ils l'approuvaient.

Ainsi que Notre Larmoyant Despote, l'archiduchesse avait un sens aigu du mélodrame; il fallait faire pleurer mais en public seulement, pour gagner des appuis en usant de l'émotion voire de la compassion, et que celle-ci fût jouée ne comptait pas pourvu qu'on y crût et qu'elle fût artistement interprétée. Afin d'être plus vrai, on pouvait porter sur soi un oignon épluché et s'en tamponner discrètement le coin de la paupière pour qu'y surgît une larme brillante à l'image. Dans un débat très regardé, on vit l'archiduchesse marcher vers un paralytique et le toucher en mimant l'amour de l'humanité souffrante; beaucoup crurent que le malade incurable allait se lever soudain de sa chaise roulante, exécuter un pas de rumba en hurlant « Je marche » avec une mine extasiée.

L'archiduchesse des Charentes possédait aussi l'humilité dans son registre. Elle répéta cinq fois « Ce n'est pas une question de personne! » quand on l'interrogea sur son duel avec la bourgmestre de Lille, mais il ne s'agissait que de cela. Elle ne révélait sa nature que dans la coulisse. A l'occasion d'un Salon du livre, où elle devait discourir sur son dernier ouvrage composé à plusieurs mains,

elle exigea qu'on changeât l'heure de son inter-
vention comme si elle était seule à décider.

— Votre Seigneuritude, lui dit-on, vous êtes
prévue à seize heures quinze...

— Je veux dix-huit heures !

— Le programme est imprimé, Votre Beauté
Intense...

— M'en moque !

— Il y a d'autres intervenants, et des notoires...

— Moi je suis la plus notoire des notoires !
Quand même ! j'ai été finaliste à l'élection impériale !

Elle resta à son stand sans saluer ses voisins,
monta sur une chaise, ameuta ses admirateurs et
leur signa des photos dont elle avait emporté
plusieurs paquets.

Au milieu du mois de novembre, Notre Percu-
tant Leader devait se rendre aux Amériques où se
tenait, à son instigation répétait-il, une réunion
des chefs d'Etat du monde pour résoudre le problème des industries polluantes ; chacun savait par
avance que rien de sérieux n'allait sortir de ces
conversations polies et inutiles, une photo de
groupe, quelques rires complices... Nos gazettes
n'en rendirent d'ailleurs presque pas compte,
toutes au combat du Parti social qui devait choisir
le même jour sa nouvelle tête pensante et agis-

sante. L'archiduchesse eut droit à des manchettes flatteuses : « Qui peut l'arrêter ? » D'autres insistaient sur la rivalité : « La guerre des dames ». Madame des Charentes, flamboyante, écrasait Madame de Lille : « Le Parti social se recroqueville ou s'envole ! Je veux créer un parti joyeux, métissé et créatif, au contact avec le peuple ! » Après un premier tour sans majorité franche, les adhérents revotaient. Le résultat peina à s'afficher, changea toute la nuit dans un mouvement de bascule, ce fut l'une puis ce fut l'autre, mais à l'aube la bourgmestre de Lille l'emporta de 0,07 %. Aussitôt, les barons sociaux des grosses villes se rallièrent à la gagnante, eux qui avaient jusque-là soutenu l'archiduchesse ; en mauvaise perdante, celle-ci trépigna, cria, menaça, se déclara majoritaire malgré sa courte défaite. On s'aperçut alors que Madame des Charentes n'avait point une once d'humour ; elle était arrivée trop en retard le matin où Jupiter avait distribué cette vertu si rare.

Les chefs du Parti social se désignaient entre eux par l'élection, ceux du Parti impérial étaient toujours nommés par le Prince. Ce dernier préférait des larbins choisis par lui à des élus qui avaient quelquefois des humeurs et pouvaient lui donner du souci. Pour Notre Leader Vénéré, il n'y avait rien de pire qu'un référendum où le peuple répondait à une question qui le dépassait, parce que c'était un moyen très sûr d'exprimer un mécontentement. Lorsque Son Epoustouflante Majesté voulut faire adopter sa mouture compliquée de la Constitution des royaumes d'Europe, elle n'interrogea point la masse de ses sujets, lesquels auraient pu une nouvelle fois la refuser, parce que trop financière et trop politique, aussi elle se servit du Parlement dont elle tenait la majorité à sa main.

Le Prince avait inventé un régime d'un genre tout à fait neuf, *la démocratie totalitaire*. Dans l'ancienne Florence, Laurent de Medicis gouvernait avec un conseil des soixante-dix, nommé par lui-même, et, pareillement à la méthode de ce monarque à poigne, Notre Magnifique Souverain régnait avec un groupe de conseillers qui doublaient ses ministres dans l'ombre et se passaient volontiers des avis de la Chambre. Nous avons déjà étudié ce phénomène dans nos deux premières chroniques, mais il faut ici affiner. Dans le mode de gouverner de Notre Electrique Leader, il y avait une tentation totalitaire du pouvoir derrière un paravent démocrate, à l'abri duquel le Prince menait ses affaires. En fait, ce qu'il y avait de démocrate c'était l'opinion du peuple, qu'on auscultait chaque jour pour naviguer sans heurts, mais le procédé était plus subtil qu'un simple thermomètre, seulement capable de mesurer les désirs, les besoins, les demandes et les rejets. Il y avait dans les soupentes du Château une officine spéciale, où œuvrait un certain abbé Buisson, chauve et discret. Cet homme du silence préparait les esprits. Il servait dans l'ombre, qu'il aimait autant que l'aisance, et trouvait dans son labeur de quoi le nourrir jusqu'à la fin de ses jours, car les caisses du Château étaient généreuses avec lui. Que faisait-il donc? Il avait la science de façonner l'opinion, la déformer, la conformer, l'orienter, l'inventer presque. Comme Sa Majesté s'échinait à réduire en charpie le Parti social, et que pour la face il fallait tout de même une opposition à montrer au monde, l'abbé Buisson s'en occupa.

Cet homme était un fin cuisinier; il n'avait point son pareil pour mitonner l'opinion et la resservir préparée, chaude, garnie des senteurs voulues et pleine de saveurs étudiées. Faut-il un exemple? Ce fut sans doute lui qui gonfla M. de La Poste, un Besancenot porteur de missives, ancien jeune homme qui conservait de la fraîcheur et une verve hostile à Sa Majesté. L'abbé Buisson pensa qu'il ferait un merveilleux opposant principal, puisqu'il n'avait aucun désir de pouvoir et demeurait donc parfaitement inoffensif. A l'aide d'un Institut farceur qui mesurait l'opinion dans le sens réclamé, l'abbé proposa une liste de noms où M. de La Poste figurait parmi une nuée de personnages plus ou moins connus du Parti social, trop nombreux pour ne pas être dilués ; réunis, les sociaux recueillaient une grosse majorité des choix, mais chacun, séparé, se voyait dépassé par le neuf et sympathique M. de La Poste, qui fut aussitôt sacré « meilleur opposant » dans les gazettes qui affichaient ce résultat, friandes qu'elles étaient d'informations comme un moustique l'est de sang frais. Cette gloire de M. de La Poste était factice et ne dura point, plus tard effacée par les urnes, mais l'abbé Buisson ne travaillait que pour l'instant, le choc, la secousse, et il suffisait de reporter sur tous les sujets du moment sa technique pour modifier l'opinion sans qu'elle le sût et la tenir en laisse : il s'agissait de poser des questions dans lesquelles la réponse était incluse, comme un magicien vous forçant à tirer un as de pique de l'éventail des cartes qu'il vous présente.

Pourtant dociles dans leur ensemble, puissants relais de la pensée impériale, les périodiques avaient été hélas rongés en peu d'années par l'apparition d'un système électronique planétaire où se déversaient les rumeurs et des images floues. N'importe quel témoin d'émeute, d'accident d'autocar ou de la danse d'un cachalot au large de Sainte-Maxime s'improvisait reporteur. Cela affectait une corporation entière, et les grands photographes n'avaient plus les moyens de barouder, emportés qu'ils étaient par le flot des amateurs. L'anecdote l'emportait sur l'analyse, le ragot sur les faits, la photo tremblée sur les mots, le commerce sur le savoir. Une sourde menace planait. La tension montait dans les gazettes de l'Empire, qu'elles fussent écrites, parlées ou filmées, et des êtres apeurés rôdaient dans les couloirs des rédactions.

Notre Gourmand Leader, se penchant en personne sur le problème, ne fit que l'accroître. Il avait la manie du contrôle et rêvait d'une information nationale aussi lavée qu'à l'époque de Charles Ier de Gaulle, quand le marquis de Peyrefitte, chaque soir, donnait son visa ou ses coupes à propos des nouvelles que devait livrer la gazette télévisée. Fort heureusement le Prince avait prévu tout un jeu de muselières. Les grands moyens d'information se concentraient déjà entre les mains des affairistes qui formaient son entourage, et ils connaissaient davantage le profit que la qualité, ce qui sembla réduire la liberté de ton et orientait bien des sujets traités, car il ne fallait point trop déplaire à Sa Majesté ni à M. le Cardinal.

Venues des services du Château, il y avait de multiples interventions auprès des gazettes pour les effrayer et les inciter à marcher droit ; il en découla un excès de timidité, on n'avait pas à censurer qui se censurait lui-même et prenait en modèle l'antique *Pravda* des Soviétiques ; un excès de zèle, aussi, quand on retouchait des photos de la baronne d'Ati, qui gardait les Sceaux, afin d'effacer les bijoux hors de prix qu'elle portait aux doigts, puisque l'étalage du luxe n'était plus à l'ordre du jour. Des oukases non formulés pleuvaient ainsi d'en haut, et les échines de nombreux gazetiers s'assouplissaient. Il y avait tout de même quelques perquisitions de locaux et des gardes à vue, si un gazetier malséant refusait de dénoncer la source d'un article blessant, lequel risquait d'entamer le prestige de Notre Fine Altesse.

Le Parlement enregistra alors sans broncher quelques lois menées au pas de charge. Reprenant pour lui un projet de la Gauche qui était resté dans son carton, le Prince Véloce avait émis le désir de supprimer la réclame sur les lucarnes du Service public ; au départ, l'idée était de libérer ledit service des pressions commerciales, mais on y devina aussitôt l'intention du Monarque d'offrir toute cette réclame à ses amis du privé qu'il choyait et qui le choyaient en retour. Quoi qu'il en fût, personne n'expliqua aux lucarnes publiques comment elles compenseraient cette perte de finances. Quel intérêt ? Le Prince s'accorda dans la foulée le droit de nommer et de révoquer les présidents des fenestrons et des ondes publiques, puisque ces entreprises appartenaient à l'Etat et que l'Etat n'était que Lui. Il y eut des frémissements, des râles, deux ou trois colères avant le silence. Pour achever la mise en scène de ce coup de force, Notre Magnanime Souverain décida de très étranges états généraux des gazettes. N'y participaient aucun gazetier de base ni aucun usager, mais une demi-douzaine de patrons divers qui se mirent à papoter autour d'une table du Château ; il en fut comme des autres commissions ordonnées par Sa Majesté, et d'où jamais rien ne sortait ; ces états généraux n'étaient que les états de quelques généraux.

Il arriva cependant une aventure symptomatique qui montra, dans ce dispositif de muselières, le hors-la-loi de la justice et de la police impériales ; ce fut l'arrestation déraisonnable et brutale du comte Filippis, lequel avait récemment dirigé la rédaction d'une feuille penchée vers la Gauche. Un vendredi, à l'aube, le comte entendit frapper des coups sur la porte de son pavillon. Mal réveillé, non décoiffé par l'oreiller parce qu'il avait le crâne ras, le comte alla ouvrir et ne trouva point, comme dans d'autres pays plus démocratiques, le laitier et ses bouteilles, mais trois colosses de la police qui prenaient une pose comme M. John Wayne. Sans se présenter, le plus galonné commanda au comte de les suivre.

— Qu'y a-t-il? Un accident?

— On vous emmène au commissariat, c'est tout.

— Habille-toi, dit le deuxième.

— De quel droit? demanda le comte estomaqué.

— On exécute la procédure.

— Ne rentrez pas chez moi avec vos bottes! vous allez salir mes tapis!

Le plus grand des enfants du comte regardait la scène avec les yeux ronds comme des soucoupes. M. de Filippis le désigna aux agents :

— Et mes enfants?

— Il a l'air déjà grand, vot'loupiot.

— L'autre a dix ans, qui va le conduire à l'école?

— Son grand frère, tiens! Allez!

— Oh, ça va, les cow-boys!

— Vous êtes pire que la racaille! lui cracha au visage le galonné.

Et les trois embarquèrent le comte en le tenant

comme un dangereux rebelle. Ils le transportèrent au commissariat, puis, menotté dans le dos, au Palais de Justice. Au dépôt, on le déshabilla complètement pour le fouiller avant de le pousser dans une cage ; il ne put s'asseoir sur le banc de béton qu'occupait déjà une famille nombreuse de cafards et resta deux heures debout. Quand il sortit, on le redéshabilla pour le refouiller, comme s'il avait caché dans ses poches une dizaine de cafards qu'il espérait aider à s'évader. Il se retrouva devant une juge ; elle lui refusa un avocat, il refusa de répondre. De quel crime était-il accusé ? On lui signifia avec sécheresse et froncements de sourcils qu'il avait hébergé les propos d'un lecteur qui insultait un péquin, or celui-ci avait porté plainte pour diffamation, un délit passible d'amende mais non point de prison. Sitôt qu'il fut relâché, le comte Filippis glapit contre les manières judiciaires et la brusquerie des argousins de Sa Majesté ; cela provoqua aussitôt un joli tintamarre et un concert d'indignations, tant la profession du comte se sentait visée dans son intégralité ; s'y joignirent des particuliers et des politiques outrés ; il y eut des libelles pour dénoncer, d'autres pour nous apprendre que, dans la liste des pays où l'on pouvait publier librement, nous ne venions qu'en trente-cinquième position, juste après le Mali ; d'autres encore rappelèrent que la garde à vue du comte n'était point isolée ni exceptionnelle, et que dans l'année on comptait près de six cent mille arrestations sauvages de ce type. Le Prince fut obligé de s'en émouvoir et il annonça une mission de réflexion sur le droit des personnes, dont nul n'entendit plus parler une fois l'affaire éteinte. Quant à la baronne d'Ati, qui avait réagi promptement pour affirmer que la procédure avait été respectée, elle fut cinglée six mois plus tard par la cour d'appel de Paris qui considéra les conditions de l'interpellation du comte Filippis non proportionnées à la gravité de l'infraction et que son interrogatoire immédiat ne s'imposait pas.

Notre Souverain Protecteur savait pour l'avoir vérifié que ce dont on ne parlait pas n'existait pas, mais que ce qui n'existait pas se mettait à vivre sitôt qu'on en parlait. Ce jeu de dupes fut un classique des pouvoirs musclés ; pour montrer l'efficience de sa police, qu'il bichonnait à la folie, le Prince ne pouvait plus se contenter des chiffres arrangés qui présentaient la délinquance en recul, il devait déjouer un complot très menaçant afin que ses limiers pussent briller, et, par contrecoup, le Monarque lui-même puisqu'il entonnait depuis des lustres la ritournelle de la sécurité. Il fallait que le peuple eût peur, qu'on pût le rassurer et durcir des lois de répression sans qu'il les contestât. La pratique était voyante mais ancienne. Au tournant des deux derniers siècles, les anarchistes avaient servi de pareils épouvantails. Un jour de décembre, en 1893, un objet rond vola au-dessus des têtes dans l'hémicycle du Parlement, explosa en l'air en produisant un éclair bleu et beaucoup de fumée; une pluie de clous s'abattit sur les députés. Le lanceur de bombe fut saisi, il se nommait Auguste Vaillant et connaissait la chimie des explosions. Cet attentat permit au gouvernement d'édicter des lois scélérates; elles limitèrent la liberté des gazettes et celle des associations. Les anarchistes s'interrogèrent; l'un d'eux, Jacot, soupçonna les mouchards de la Préfecture: Vaillant avait acheté la marmite en fer-blanc au Bazar de l'Hôtel de Ville, mais avec quel argent? Il n'en avait pas. Et si un policier camouflé lui avait prêté la somme nécessaire à la confection de sa machine infernale? Vaillant était un garçon simple et révolté, enfantin à tromper, et il avait été arrêté plusieurs fois sur sa mine, récemment encore pour le vol d'une paire de bottes. Il lança au tribunal qui le condamnait à mort: «Vous ignorez tout de l'enfer social!» C'était un désespéré, mais quand une nouvelle bombe explosa au café Terminus, près de Saint-Lazare, cela parut terroriste au dernier degré parce que froidement pensé. Emile Henry, le coupable, avait allumé la mèche avec son cigare et ne venait point des bas-fonds : à seize ans il avait été admissible à Polytechnique. Ce qu'il voulait ? Tuer ces bourgeois qui dînaient en paix et soutenaient un régime de scandales à répétition, dont la veille celui de Panama. A l'époque ils étaient nombreux, ces fanatiques qui cherchaient leur inspiration dans les livres. Le danger pouvait venir de gens à la mise très respectable. Lorsque la police traquait les bandits en automobile que menait Bonnot, elle crut mettre la main au collet de ce chef et de son second, un anarchiste authentique ; ces deux-là passèrent la nuit au poste avant qu'on ne découvrît leurs vraies identités ; il s'agissait des peintres Francis Picabia et Marcel Duchamp ; le premier ressemblait aux portraits de Bonnot, et l'autre à ceux de Raymond-la-Science. Tout ceci pour nous permettre d'énoncer ce théorème : *Un convaincu instruit effraie la population mieux qu'un misérable poussé à bout par la faim.*

Baptisons la vérité ci-dessus le *théorème de Picabia*, du nom de ce peintre élégant et prolixe que l'intelligence sortait du lot ; les policiers de 1910 le confondirent avec le redoutable Bonnot, sans doute à cause de ses voyantes autos, sans prévoir que sept ans plus tard il allait rejoindre le groupe d'artistes qui forma le mouvement Dada, lequel s'en prenait par des hurlements à la société confite qui avait permis la Grande Guerre afin que les usines d'armement tournassent à plein régime. Les titres, les honneurs, les fonctions devenaient grotesques, il fallait mystifier les mystificateurs. Salle Gaveau, à Paris, devant des Parisiens qui lui lançaient des pommes, des légumes et des invectives, un M. Breton au col cassé, très pontifiant comme à l'accoutumée, lut *Le Manifeste cannibale* de M. Picabia :

> « Dada ne sent rien, il n'est rien, rien, rien. Il est comme vos espoirs : rien ; comme vos paradis : rien ; comme vos héros : rien ; comme vos hommes politiques : rien ; comme vos religions : rien... »

Le fameux *théorème de Picabia* se vérifia sous le règne de Notre Humoreuse Majesté, et l'objet du délit fut un texte du même acabit et mêmement cannibale qu'on trouva chez les terroristes, des jeunes gens diplômés qui s'éloignaient à la campagne de la société spectaculaire marchande jadis dénoncée par feu M. Debord, qui descendait des dadaïstes, et dont au même moment la France espérait acheter les archives, manuscrits, notes, carnets, brouillons et gazouillis, pour les classer dans son patrimoine au même rang que le château de Chambord ou l'andouille de Vire.

Le vaudeville eut lieu à Tarnac, sur la terre déplumée de Corrèze. Un jour férié de novembre, à six heures du matin, cent cinquante pandores et sergents en tenue de bataille, cagoules et gilets épais comme des matelas, investirent la ferme de Goutailloux en écartant de leur chemin les moutons et les chèvres et en piétinant le potager. Ils avaient le raffinement d'un commando américain dans un village afghan, l'arme en avant, et ils braillaient «Police! Police!» en forçant des portes qui n'étaient pas fermées; ils montèrent à l'étage dans un fracas de bottes, passèrent les menottes aux suspects endormis, ouvrirent les tiroirs, en sortirent des lettres, des photos, des brosses à dents, un peigne et un dessin d'enfant. Puis ils sondèrent les marches, les firent renifler par un chien qui savait sentir l'odeur douceâtre des explosifs mais n'en décela point. Dans une cheminée, les guerriers débuchèrent des gilets pare-balles dans un gros sac que personne n'avait vu auparavant, et un livre, surtout un livre, *L'Insurrection qui vient*, disponible en librairie et non interdit mais qui permit de classer les occupants de la ferme parmi les anarchistes les plus terrifiants.

La duchesse de Saint-Jean-de-Luz se félicita de l'opération contre cette meute qu'on soupçonnait du pire, notamment d'avoir accroché une ferraille sur les lignes électriques d'un chemin de fer qui emportait des déchets nucléaires en Germanie. Notre Valeureux Monarque l'appuya en insistant sur les progrès rapides et prometteurs de l'enquête. Les gazettes les plus impériales se déchaînèrent, et, sur un fenestron, l'échotier prit un air de gravité officielle pour dépeindre des jeunes gens en totale rupture avec la société, possiblement très violents, qui ne travaillaient pas ; et d'évoquer leurs ancêtres d'une bande d'assassins, Action directe, pour mieux faire trembler les honnêtes sujets de Sa Majesté. Au fil des jours et des semaines, ces marginaux « fuyant le regard des rares riverains qui les entouraient », se métamorphosèrent en apôtres : les villageois de Tarnac les aimaient. La contrée revivait grâce à eux depuis trois ans. Ils tenaient l'épicerie-café-restaurant où ils donnaient des soirées gastronomiques ; ils organisaient des concerts et des séances de cinéma pour offrir aux paysans *Rome ville ouverte* de M. Rossellini et *Mourir à Madrid*, le très complet documentaire de M. Rossif sur la guerre d'Espagne. Ils avaient ouvert une bibliothèque solidaire de cinq mille volumes et se chargeaient de livrer à domicile les personnes âgées, dans les hameaux semés sur le plateau de Millevaches. Une voisine témoigna : « Ils sont toujours prêts à rendre service. Ils ont aidé ma fille pour les langues. Un jour, ils lui ont donné du pain qu'ils font, super-bon. »

Comme il n'y eut aucune preuve matérielle pour les accabler, sinon les idées qu'ils professaient contre une société étouffante, les coupables que la police filait depuis des mois finirent tous par sortir de cachot, même leur chef désigné par la duchesse de Saint-Jean-de-Luz, lequel choisit d'éviter les gazetiers en quittant la Bastille dans le coffre de la voiture paternelle.

Une vague de froid couvrit le pays au seuil de l'hiver. Les cortèges se succédaient contre la pénurie de logements et pour ces pauvres qui gelaient sur nos trottoirs, mais Notre Adorable Prince n'en avait cure, lui qui habitait des palais gratuits et lorgnait sur un hôtel particulier de l'Ouest parisien qu'il voulait s'offrir avec l'argent de Madame. Les événements qui incendiaient la Grèce provoquèrent cependant une frousse affreuse au Château. Là-bas, à force de brutalités pour réprimer aussi bien les clandestins que des médecins venus réclamer leurs salaires, des policiers avaient fini par tuer un garçon de quinze ans ;

Athènes fut en flammes et ces flammes se communiquèrent aux villes universitaires de Macédoine, du Péloponnèse et de Crète. Un brouillard de gaz lacrymogène recouvrait la Grèce. La Crise n'avait point engourdi les ardeurs et les colères de la jeunesse, si remuante, si dangereuse, si inquiète, qu'elle fût instruite ou délaissée, qu'elle sortît des études sans l'espoir d'un travail ou qu'elle tournât en rond dans la zone. Le Prince craignait cette virulence contagieuse qui pouvait le renverser comme la tempête déracine les arbres. La première bavure des forces impériales aurait le même effet qu'en Grèce et la prudence devint la nouvelle religion du Château. Notre Prince Vaillant dut à contrecœur ordonner la reculade; spontanément, les lycéens sortaient dans les rues pour conspuer les lois sur l'éducation que défendait le chevalier d'Arcos, or ils n'écoutaient personne et devenaient frénétiques; l'opinion les soutenait puisqu'ils ne voulaient point de diplômes dévalués ni qu'on supprimât des professeurs. Le chevalier d'Arcos, sur ordre, dut rempocher ses réformes mal perçues.

Céder sur un domaine, songeait le Prince, c'était avancer sur d'autres; cela permettait de voter en catimini des lois qui attiraient moins l'attention du populaire. Sa Majesté en profita pour limiter le droit d'amender les textes présentés pour la forme à la Chambre, afin d'amoindrir les députés sociaux et de maintenir sous sa coupe ses partisans indociles. Régulièrement, les députés impériaux montraient les dents. Beaucoup d'entre eux avaient des inquiétudes qui reflétaient celles de leurs administrés; au marché du dimanche, dans leurs duchés, ils enregistraient des plaintes et des critiques dures. « Notre souverain ne s'occupe jamais de nos sous, disait-on devant l'étal d'un maraîcher. Il en donne des gros paquets aux banques et sans contrepartie! » Le patron d'une petite entreprise menacée enchaînait : « Et ma banque renflouée, elle vient de me refuser un crédit! » Au ministère de l'Argent public, la marquise de La Garde rassurait par des sornettes et prétendait en montrant des chiffres que les banques jouaient le jeu, que le crédit redémarrait quand pour les ménages il reculait. La seule chose qui augmentât, à part le chômage, fut le nombre des fichiers de la police, on en recensait quarante-quatre, et un million de personnes avaient leurs empreintes génétiques classées par la maréchaussée impériale.

Sa Majesté devait sans cesse trouver la façon de divertir ses sujets de l'essentiel, comme l'Amérique qui dénonça un scandale pour cacher les autres. Ce fut un barouf du meilleur théâtre, et le héros, un parvenu cupide, rappelait le Turcaret de M. Lesage qui sévissait sur la scène comme dans la vie il y avait juste trois siècles, avec pour devise : « Le passé est passé, je ne songe qu'au présent. » Le présent enrichissait de même un gentilhomme aux yeux de tous généreux et mondain, M. Madoff. Il avait un visage en poire, un sourire aisé et de braves joues, des lunettes fines, les cheveux blancs fournis aux tempes et dans le cou ; il respirait la confiance et son parcours plaidait pour sa vertu ; chez les Grands-Bretons il eût été annobli. Cet ancien maître nageur de Long Island, à soixante-dix ans, était devenu un fort respecté pourvoyeur de finance. Par faveur il acceptait l'argent des milliardaires, retraités ou banquiers de partout, et ceux-ci encaissèrent longtemps de gros profits sans jamais s'interroger sur sa méthode pourtant simple : M. Madoff payait ses anciens clients avec l'argent des nouveaux, et ainsi de suite, et le manège tourna rond jusqu'à la récente calamité. Dans l'instant, M. Madoff devint l'imposteur qui avait volatilisé cinquante milliards de dollars tirés des poches d'autrui. Quand on l'arrêta dans son très noble appartement de l'Upper East Side, il reçut les fédéraux en pantoufles et en pyjama. Il n'allait plus sortir de prison que dans une boîte, à l'âge de deux cent vingt ans car la justice américaine savait vous condamner à plusieurs vies de bagne.

Notre Inventif Souverain n'avait point chez lui semblable escroc à jeter en pâture pour provoquer l'indignation, des palabres infinies et un voile de fumée ; ses banquiers pris la main dans le coffre semblaient de piètres filous, et ils firent semblant de se repentir en attendant la fin de l'orage boursier, et que, sitôt remis à flot par la monnaie des contribuables, ils pussent recommencer leurs combinaisons hasardeuses. Les procureurs de Sa Majesté n'avaient que la filandreuse histoire du chevalier Dray à se mettre sous les crocs. Ce chevalier, sorte de gros écureuil aux yeux plus grands que le bedon, avait le même goût canaille des choses clinquantes que Notre Prince, qu'il avait fréquenté dans les couloirs et que d'ailleurs il tutoyait en privé. L'un et l'autre aimaient les montres chargées d'or et de cadrans pour indiquer la marée, les croissants de lune, la météo, la profondeur des abysses sous-marins, le nord, l'heure qu'il faisait à Tombouctou, à Sydney, à Singapour et accessoirement à Paris. Le chevalier était depuis des décennies un collectionneur ardent. Il revendait ses montres rares pour en acheter d'encore plus rares, s'endettant pour satisfaire ce besoin de belle horlogerie, empruntant aux amis qu'il avait nombreux, comme ce marchand de maillots de bain du marché d'Antibes qui lui prêta une somme en chèques de ses clients. Le chevalier remboursait, et il empruntait à nouveau, achetait, revendait, rachetait, empruntait; les billets circulaient à donner le tournis. Cela aurait pu tranquillement continuer mais le chevalier Dray avait un gros défaut que Notre Fougueux Leader supportait mal, il était assez à Gauche pour lui avoir par deux fois refusé un ministère, parce qu'il ne se sentait point une âme de Transfuge, et qu'il avait retenu un membre haut placé du Parti social, M. Boutih, lequel paraissait mûr pour accepter un maroquin d'où qu'il vînt et ne voyait naïvement aucun calcul chez Sa Majesté. Alors la chasse au chevalier Dray fut déclenchée : en l'abattant on entamait le moral de la Gauche déjà grippée.

Aboyant, jappant, bondissant, la brigade financière mordillait les mollets du chevalier. En cette période d'agitation lycéenne, elle fouilla les comptes des associations de jeunes mises en orbite autour des sociaux. Il fallait trouver; on trouva. Qu'est-ce donc, cette gestion branquignole, ces comptes baladeurs, ces chèques volages comme sous le règne du roi Mitterrand où les mœurs étaient souples quant au financement des organisations politiques? Les trésoriers de tous les partis se firent un jour pincer dans des manipulations de billets désormais interdites. Cela ne manqua pas : on vit des flux d'argent sauter d'un compte à l'autre dans le portefeuille du chevalier Dray, vite marqué d'infamie par une enquête préliminaire du procureur impérial. Alors ce fut la curée, les gazettes furent lâchées aux basques du chevalier sonné par l'accusation. Les titres accablaient celui dont on disait qu'autrefois il avait tenu un commerce d'horlogerie rue Bonaparte, à Paris, ce qui était faux. On lisait *Les comptes de Dray à la loupe*, *Ce que révèle l'enquête*, *Les mauvais comptes du chevalier*, *Dray verse dans le judiciaire*, *Dray dans la tourmente* ; l'intéressé, qui n'avait point droit à son dossier, apprenait son histoire chaque jour dans les gazettes qui s'acharnaient. « On a connu changement d'année plus heureux », dit-il quand s'ouvrit l'année 2009.

Dans les parages de Noël, Notre Bondissant Leader s'offrit de courtes vacances familiales sous les tropiques, où il salua le père naturel de Madame qui brassait des affaires à Salvador de Bahia. Le couple impérial s'installa dans une cocoteraie protégée au large par une frégate de la marine, et il loua onze bungalows pour ne point subir un voisinage mauvais ou curieux. Leurs Majestés assistèrent émerveillées à la ponte d'une tortue, dans la réserve d'Una, avant de courir sur la plage d'Itacaré, lestées d'une dinde rôtie au porto qu'il fallut digérer malgré la chaleur. Le bermuda rose à fleurs de Notre Vigoureux Monarque fit sensation auprès des services brésiliens de sécurité.

Le gouvernement des royaumes d'Europe avait passé doux comme lait mais le terme arriva, et il fallut rendre les clefs du bureau de Bruxelles, au dernier étage de l'immeuble du Conseil, pour ne plus revoir le canapé en cuir et le papier peint à rayures jaunes et blanches auxquels Sa Majesté sut échapper en ne vivant qu'en aéroplane, d'une ville à l'autre, d'un problème à un autre. Si Notre Prince Véloce avait oublié en cours de mandat ses priorités du début, la défense commune ou le replâtrage des institutions, l'imprévu le sauva, qu'il appréciait tant pour donner sa mesure, ou mieux, sa démesure; en vérité il fut sauvé de la routine par l'aventure guerrière du tzar et la subite éclosion de la Crise. Il décida sans partage et jeta aux orties les instances communautaires. Il relégua le Parlement européen, il noua des contacts directs avec des gouvernements choisis, il bougea l'Europe, il la remua, il la secoua, il y sema le désordre; il délaissa les Ibères et les Romains, rendit les Grands-Bretons sceptiques, agaça les Germains, oublia les pays les plus maigres et de faible importance, aussi eut-il un haut-le-cœur quand il dut céder sa couronne provisoire aux Tchèques, des moins que rien qu'il aurait volontiers mis au rebut, pour continuer à trôner et à diriger ces royaumes coalisés qui le haussaient presque au niveau de l'empereur Obama. Même si le tzar l'avait emporté, même si la Crise désolait les peuples et ne profitait qu'aux financiers qui en étaient à l'origine, le Prince se tressa des lauriers et commanda aux impériaux de le chanter.

Lorsqu'il présenta ses vœux de nouvelle année, Notre Irremplaçable Maître fut aussi terne que la dernière fois ; une nouvelle mise en scène n'y changea rien, qui montrait d'abord une tour Eiffel bleue comme l'Europe et scintillante, puis le Prince debout devant la bibliothèque du Château d'où il n'avait jamais eu la curiosité de tirer un volume ni même d'en lire un titre. Il dit que l'année avait été difficile pour tous et que s'il fallait travailler plus il ne s'agissait pas de gagner plus. Le lendemain, sur les fenestrons du service public, il y eut une heure de spectacle consacrée à louer la douceur, le tact, les dons fabuleux de Madame ; on comprit ce jour-là que naissait sous nos yeux l'ORTI, l'Office de Radio-Télévision impériale. Madame passait à la cire l'image du Prince Vénéré : « Il a cette volonté de protéger les autres », ceci afin de le faire apprécier des craintifs et des sans avenir. Dans le décor du Château elle citait Nietzsche comme M. Obama mais à propos de la musique, parfois elle s'exprimait en anglais pour étaler son universalité de bonne famille. Ce fut ensuite un défilé de témoins des arts et de la couture, qui se prosternèrent avant de la tartiner de pommade : « C'est comme un cheval de course », disait l'un, et l'autre reprenait : « Elle dégage une qualité humaine », car dans le peuple on la trouvait distante et glacée. L'encens fumait. On s'aperçut que de profil Madame avait le nez pointu.

La vie réelle était moins tendre, même pour Notre Déconcertant Monarque ; il continuait à gesticuler et cela finit par se voir, ses mots se brouillaient, il se contredisait, il confondait les phrases et les actions, croyait que dire suffisait quand les mots partaient au vent. Il dit à Provins : « J'écoute mais je ne tiens pas compte » ; il se reprit à Châteauroux : « J'écoute les inquiétudes et j'en tiens compte. » Pour ne point se sentir trop loin de ses sujets il leur expliqua que son métier d'empereur était très difficile ; il se rattrapa à Val-d'Isère dix jours plus tard : « Ma situation est moins difficile que ceux qui se trouvent sans emploi. » Qu'en était-il de sa promesse, qui le fit choisir pour occuper le trône et consistait à affirmer que le pouvoir d'achat était principal ?

Après avoir couru la planète, le Prince dut se

résoudre à courir son propre pays pour le réconforter. Il écoutait maintenant les alarmes de l'opinion que ses conseillers lui présentaient en chiffres. Il en devint frileux et mit sous le boisseau quelques réformes disparates et sans actualité ni urgence, ou d'autres qui soulevaient des refus comme sur l'hôpital ou les juges d'instruction, ces gredins, ces ennemis des procureurs impériaux. Sa Majesté partit donc en tournée dans ses provinces, avec dix-sept voitures blindées que survolaient des hélicoptères. Il donna un premier discours à Saint-Lô, mais l'accueil le déconcerta puis le poussa hors de lui. Trois mille manifestants l'attendaient, des jeunes mal contenus par la police, qui obligèrent les autorités à fermer en plein jour les volets de l'école maternelle où Notre Souverain s'exprimait, afin qu'on n'entendît point les sifflets en fond de discours. Lorsque le Prince sortit pour changer de salle et donner une seconde allocution, il y eut des lancements de cailloux et des insultes de lèse-majesté :

— Fumier !

— Pourri !

— Nos gosses crèvent de faim !

— Naboléon !

Des militants impériaux, coincés derrière les chahuteurs, furent remplacés immédiatement par du personnel dévoué de la préfecture qui servit de claque. Dehors une vitrine explosa. On entendit claquer des bombes lacrymogènes. Le Prince était furieux et ne décolérait point : « Quel con, ce Préfet ! » Le Préfet fut muté, avec son adjoint à la sécurité, et la leçon servit, parce qu'il n'était plus question d'improviser un bain de foule, même dans une petite ville où les trublions pouvaient surgir et crier. Le programme des déplacements prévus fut autrement préparé. Cela s'apparenta aux voyages de propagande que menait le tyran Ceaucescu dans ses campagnes roumaines ; il visitait des fermes modèles, on repeignait les cochons en rose sur son passage. Personne n'osa, même pas M. le Cardinal, citer une réflexion de M. Mazarin après qu'il eut subi la Fronde et se fut fait tirer la barbiche : « Si quelqu'un te manifeste sa haine, sache que ce sentiment est toujours authentique ; à la différence de l'amour, la haine ignore l'hypocrisie. »

A Nîmes, cela se passa sans histoires pour Sa Majesté. Dès la veille au soir les voitures n'eurent plus le droit de se garer dans le centre de la ville, et dès l'aube elles n'eurent plus le droit de circuler, ni les piétons ; les boutiques étaient fermées, les bureaux, le lycée. Les enfants du collège Feuchères n'eurent pas le loisir de rentrer déjeuner chez eux et ils passèrent la journée avec des ventres creux. Les médecins ne purent visiter leurs patients, une vieille dame fut empêchée de rentrer chez elle avec son cabas de légumes. Les manifestants avaient été maintenus à plus de huit cents mètres du lieu où devait parler le Prince, et s'ils lancèrent des œufs, des bouteilles et des chaussures aux policiers en cordon, on ne les entendit point brailler au cœur de la ville. Quand on vit à l'image Notre Souriant Monarque saluer de la main, on put croire qu'il s'adressait à la foule mais c'était aux escadrons de policiers ; il ne vit pas un seul Nîmois.

Ce fut partout la même supercherie ; le Prince circulait d'une ville morte à une autre ville morte. Quand il visita au galop le centre Peugeot de Vesoul, à midi, les ouvriers du matin avaient été renvoyés chez eux, et les horaires de leurs collègues de l'après-midi décalés afin que Sa Majesté ne rencontrât que des salariés triés et une poignée de militants impériaux. A Provins, devant un parterre de soldats, il défendit sa réforme de l'armée qui consistait à la réduire, et il fit une plaisanterie qui tomba, expliquant qu'on avait moins besoin de régiments pour nous défendre comme autrefois de l'armée italienne puisque nous avions désormais avec nous la comtesse Bruni. En

Anjou, dans un village de seize cents âmes, Notre Intrépide Souverain fut enveloppé de plusieurs escadrons, soit un policier pour deux villageois. A Châteauroux, apercevant une dame derrière la moutonnante cohorte des gendarmes, un officier lui ordonna de se baisser : « Sa Majesté ne veut pas voir de civils ! » Tout fut proprement mis en scène pour l'inévitable Salon de l'agriculture, où naguère il y eut des incidents sur le parcours de Son Altesse. Cette année, le Monarque n'eut point à perdre ses nerfs. Ses services mirent en œuvre une technique éprouvée l'automne précédent pour le Mondial de l'automobile. Nicolas Ier le Téméraire arriva dans un essaim de cinquante policiers, et une petite foule l'acclama en se cramponnant aux barrières métalliques qui l'écartaient néanmoins du trajet. Ces braves gens réchauffèrent le Prince en lui criant : « Tenez bon, Sire ! »; ils étaient tous adhérents du Parti impérial et quelques-uns, on le vit sur les images diffusées, tenaient encore en main leur invitation barrée de tricolore. Ce nouveau type de filtre fut désormais en vigueur à chaque déplacement du Prince. Lorsqu'il se rendit au palais parisien de la Mutualité, où se tenait une réunion des impériaux, le quartier était fermé, les véhicules enlevés, un large périmètre bloqué par des voitures banalisées et rangées en chicane au milieu de la chaussée. Même les riverains étaient éloignés avec sévérité. Une dame appuyée sur sa béquille, un pied dans le plâtre, voulait traverser pour rentrer chez elle.

— On ne passe pas, dit un agent casqué.

— J'habite dans cet immeuble...

— Votre carte.

— Ma carte d'identité ?

— Votre carte du Parti impérial.

— Quoi ? Pour aller chez moi ?

— Sans carte, vous n'avez rien à faire à moins de huit cents mètres de Sa Majesté. Circulez !

Au Château, après des jours et des nuits d'anxiété, on se félicita de la grande manifestation prévue contre la politique du Monarque surpuissant : les deux millions de marcheurs qui protestèrent étaient solidement tenus par les syndicats, il n'y eut pas de drame, pas d'incident, aucun débordement. Le Prince, qui mangeait au même moment du fromage blanc dans son salon, eut cette moquerie contre les manants : « Ils manifestent contre quoi, hein ? Contre la crise mondiale ? Y peuvent marcher longtemps ! » Cependant on aperçut dans ce flot des pantins et des masques de carnaval aux effigies de Leurs Majestés, parce que la confiance en elles s'était envolée, parce que le mépris ou le dégoût s'étaient emparés de chacun et que les frustrations s'accumulaient. Cent revendications formaient une chorale mais point une force, tant pis, les étudiants criaient à l'unisson avec les routiers, les paysans, les cheminots, les employés, les professeurs, les retraités, les fonctionnaires, les chercheurs, les infirmières, les ouvriers, les chômeurs, les menacés, les jeunes, les vieux, les artistes et même des policiers écœurés comme celui qui avait ramené à l'aéroport de Marseille l'un de ses anciens confrères algérien : s'étant vu refuser le droit d'asile, l'homme dut rentrer dans son pays où il fut tué le lendemain.

Selon une coutume très établie, les impératrices devaient s'occuper de charité, ce qui n'était pas le point fort de Madame. Elle se rendit quand même au Burkina Faso dans un Falcon 900 du gouvernement, avec trois officiers de sécurité et une brochette de gazetiers dont l'un devait réaliser un long documentaire à sa gloire. Dans l'aéronef, elle parla peu du sida, pour quoi elle allait en Afrique, et se montra frivole comme elle pouvait l'être : « C'est la Crise, dit-elle dans un soupir, mais il y a un monde fou dans les magasins... » Il fallut trouver un autre rôle à Madame afin qu'elle y fût mieux à son aise. On savait qu'elle était à la Gauche ce que les lentilles étaient au caviar, mais à se frotter aux milieux artistiques elle y avait noué des relations. Elle devait rassurer autant qu'enjôler. Le monde de la pensée et des arts se situait en nombre aux côtés de la Gauche et il convenait de rallier des individus voyants, des emblèmes, pour que le Prince ainsi entouré se sentît plus fort, lui dont on moquait l'ignorance. Des intellectuels réputés de Gauche étaient déjà passés dans le camp d'en face et certains avaient fait allégeance à Sa Majesté après avoir loué Johnny Walker Bush pour sa merveilleuse guerre en Irak. Ces gens-là provenaient en réalité de deux grandes tyrannies qu'ils avaient depuis reniées, les uns raffolant de M. Staline et les autres de M. Mao, qui n'avaient point une once de social et se plaisaient à régenter des pays immenses peuplés de policiers et d'esclaves. Mais les autres ? Mais ces créateurs qui tordaient le nez devant le Prince ? Comment les entortiller ?

Une nouvelle règle s'énonça au Château qui tenait en cinq moments, d'abord choisir une proie, puis lui monter un piège, jeter son filet et la capturer avant de l'exhiber dans les gazettes comme fraîchement conquise. Ce fut alors le petit baron Minc qui entra en lice. Avec son air de vieux jeune homme et la façon unique qu'il avait de se prêter des amis dans tous les milieux et de tous bords, il tenait du ludion, cette sphère creuse qui monte et descend dans un bocal fermé quand on y modifie la pression ; ainsi le baron Minc naviguait au gré des circonstances qui le servaient quand il faisait mine de servir. Il venait souvent le soir au Château distiller à Sa Majesté quelques sournoiseries. Ce fut lui qui désigna une proie accessible pour pénétrer plus avant le monde méfiant des cultureux. Il livra sans hésiter le nom du marquis de Karmitz :

— Voilà notre homme, Sire. Il a toutes les qualités que nous cherchons. Tenez, il a surpris ses proches en bénissant soudain la suppression de la réclame sur les fenestrons publics, après l'avoir combattue comme ses pairs. Il sait se retourner, ô Monarque Grandiose !

— Est-ce que c'est qu'il est vraiment à Gauche ?

— Je le garantis à Votre Immensité. Il a débuté en filmant des ouvrières du textile en grève.

— Ah ben oui alors...

— Il a l'avantage d'être double.

— Comme toi ?

— Mieux encore, Grand Suprême. Quand il était extrémiste il travaillait aussi pour le seigneur Malraux, qu'il fournissait en notes sur la culture gratuite. Et puis il sait atteler le commerce et l'art.

— Le commerce, okay, ça m'botte.

— Songez, Himalayesque Souverain, qu'à la

fois il produit des artistes difficiles, il gouverne un réseau de salles obscures, il a un copieux catalogue où l'on trouve les œuvres de M. Chaplin qu'il a achetées...

— On peut l'ferrer avec quoi, ton loustic ?

— Pas avec de l'argent, Sire. Il en a. Vous devez savoir qu'il vit au Quartier latin, mais dans un hôtel particulier, avec des maîtres d'hôtel à gants blancs et une collection de tableaux.

— Comme au Château ?

— Oui, mais tout lui appartient.

— Alors comment on peut l'choper ?

— Donnez-lui un rôle, Sire. Flattez-le, offrez-lui un pouvoir qu'il n'a pas, qui l'honore et le fait valoir...

— Ça j'sais faire.

— Une espèce de commission inutile où il se sentirait très utile.

— Fastoche !

Le marquis de Karmitz fut donc convié au Château. Il ne sut pas pourquoi mais il s'y rendit. Le Prince le mit d'entrée en confiance, joua la sympathie, posa des questions, se passionna pour les réponses. La proie attendrie, Madame entra en scène :

— Cher marquis, dit-elle en douceur et mélodie, mon mari et moi nous sommes curieux de

M. Bresson. Pourriez-vous nous prêter des cassettes?

— Non, Madame, mais vous les offrir.

Très étonné, M. de Karmitz imaginait mal Leurs Majestés, dans un profond canapé, regarder un film de M. Robert Bresson sans ronfler dès le générique; ces œuvres qu'on nommait exigeantes exigeaient tellement du public que celui-ci avait fini par se raréfier. Comme le marquis semblait conquis, le Prince en vint au fait:

— Si je vous confie une mission culturelle? Vous ne dépendrez que de moi.

Un Conseil de la création artistique naquit ce soir-là sans qu'on sût très bien en quoi il consistait. Sa Majesté invita au Château, pour présenter sa trouvaille, des sommités de la culture qu'il fit patienter plus de trois quarts d'heure sur des chaises dorées, afin de montrer qu'il n'y avait qu'un maître et que c'était lui. Il servit un discours que personne ne retint, mais le marquis de Karmitz était ravi de sa fonction, accomplissant à la lettre cette observation sentie de M. de La Bruyère qui avait étudié de près les mœurs de la Cour: « Je ne vois aucun courtisan à qui le prince vienne d'accorder un bon gouvernement, une place éminente ou une forte pension, qui n'assure par vanité, ou pour marquer son désintéressement, qu'il est bien moins content du don que de la manière dont il lui a été fait. » Le Prince avait été convaincu qu'il fallait amadouer les artistes et les penseurs ; lors des élections ils pesaient fort peu mais, s'ils se sentaient négligés, ils pouvaient devenir nuisibles. Par des médailles, des gestes et des mots, Sa Majesté s'apprêtait à en hypnotiser le plus possible afin de les voir se pavaner à la Cour et oublier leurs piques à son égard. Madame allait l'assister dans cette tâche de rabatteuse ; elle avait acquis ses chasses réservées depuis la capture du marquis de Karmitz. Madame apprenait par la pratique les ruses et les rets du pouvoir, auquel elle prenait goût ; les courtisans s'en aperçurent les premiers, qu'elle pouvait inviter ou chasser du Château, et ses sourires étaient à double sens ; il y a des œillades qui tuent. Capricieuse au fond, invulnérable comme une moderne Messaline, elle étendait son domaine.

Hélas, la popularité de Nicolas Ier glissait. Il fut impérieux de redresser une image mise à mal par trop de chagrins. Notre Prince Flamboyant eut alors une lubie ; il voulut grouper le plus grand nombre de ses sujets pour leur ouvrir les bras, prendre l'opinion à témoin de ses efforts, ligoter les syndicats en les associant à lui. Le Mirobolant Souverain s'affichait chaque jour sur les écrans, il donnait des discours au Liban, à Strasbourg, à Charm el-Cheikh, à Vincennes, émettait des avis sur les conflits du monde et de chez lui, mais cela ne le contentait pas. Il ordonna une émission dont il serait le centre et qui devait être diffusée sur la plupart des fenestrons en même temps, à l'heure du dîner, afin que personne ne pût y échapper. Il avait le titre, *Face à la crise*; il prépara les questions et les réponses avec ses conseillers rapprochés, apprit un répertoire entier de formules heureuses et compulsa une quantité invraisemblable de fiches sur les douleurs de l'économie. Notre Télégénique Monarque se prépara, il eut des séances de massage, reçut des psychologues, contint ses tics et avala des médicaments qui empêchaient la sueur de lui perler au bout du nez. Ensuite il choisit les gazetiers qu'il reçut dans la salle des fêtes du Château au jour convenu. Les câbles des techniciens râpèrent davantage la moquette rouge qu'il fut question de changer pour cent cinquante mille euros; on installa une table en forme de triangle, on loua des figurants pour simuler un public. Le but de cette mise en scène était d'expliquer l'action de Sa Majesté à ses sujets et d'adoucir leurs angoisses. Quand l'émission commença, il y avait quinze millions de personnes pour la regarder en mangeant des nouilles; on ne proteste pas quand on la bouche pleine, et on eut l'impression que les gazetiers choisis avaient eux aussi la bouche pleine tellement ils s'empatouil-lèrent. Chacun volait à l'autre ses thèmes et ses répliques. Le comte du Hamel, un vieux renard qui avait finement cuisiné les plus grands pendant des décennies, se trouva décontenancé parce que, venant en dernier, son temps de parole fut rétréci et que les autres lui avaient chipé ses questions. Cela avait duré une heure et demie. Qu'avait dit le Prince? On ne sut le résumer, on nota qu'il avait joué le modeste, qu'il n'avait plus réponse à tout et qu'il semblait subir les événements plutôt que de les organiser; il ne se ressemblait plus. Un com-mentaire favorable sortit le lendemain dans une feuille impériale mais ce fut le seul, car il y eut des critiques acides, ce qui rendit grincheux Notre Souverain Eternel; il accusa les gazetiers qu'il avait sélectionnés : « Ils avaient mille ans, ces nuls! J'ai même failli m'ennuyer! » Les malheureux tenaient à leur poste; ils avaient perdu l'habitude de contredire Sa Majesté ou de lui poser de véri-tables questions.

Nous étions submergés par les images du monde. Celles du massacre de Gaza, avec les corps d'enfants en bouillie dans les gravats de leur école,

remuèrent les foules musulmanes qui manifestè-
rent nombreuses à Paris. On put craindre que la
guerre perpétuelle du Moyen-Orient allât se trans-
porter à La Courneuve ou à Saint-Denis, et que
les jeunes chômeurs devinssent fanatiques. Bom-
bardant et tuant des civils en masse et en détail, les
militaires israéliens développaient une fois encore
contre eux-mêmes un racisme virulent. On trem-
bla dans les ministères mais d'autres images plus
roses couvrirent l'horreur : une petite Mauresque
naquit dans la clinique de La Muette. C'était la
fille de la baronne d'Ati.

La baronne se mettait à chaque seconde en vue
afin qu'on parlât d'elle ; sa fraîche célébrité, loin de
lui peser, la ravissait au point d'être devenue un
besoin. En dépit de la Crise, quand les autres
ministres avaient été priés de mettre leurs mon-
danités en veille, elle était toujours la cible des
feuilles indiscrètes qu'elle provoquait en courant
les bals. On lisait *Superstar à la Biennale des anti-
quaires* sous son portrait en robe de ce M. Prada
qui, disait-on, habillait le Diable. Dès qu'un ob-
jectif visait la baronne, elle le sentait par instinct
avant d'élargir un sourire éclatant, ce qui parfois
fut jugé très déplacé, comme à la prison de Valence qu'elle visita après le suicide d'un détenu de
dix-neuf ans. Madame de la Justice vivait entourée

de miroirs. A la clinique, avant d'accueillir ses sœurs ou des proches, elle faisait venir sa maquilleuse. Vite, on sut presque tout de la petite Zohra, que son prénom signifiait Etoile du berger, c'est-à-dire Vénus, qu'elle était Capricorne ascendant Bélier dans notre astrologie, sa taille, son poids, sa venue prématurée, mais qui était le père? La question empoisonnait l'opinion depuis des mois à mesure que le ventre de la baronne devenait plus rond. Celle-ci entretenait le doute et laissait filer les échos pour demeurer au centre des parlotes. Avait-on remarqué une alliance récente à son annulaire gauche? On enquêta, des malins jetèrent des noms; l'ancien Premier espagnol, le caudillo Aznar, jura qu'il n'était pas le père sans qu'on lui demandât rien, puis nièrent aussi l'un des frères de Sa Majesté et le procureur général du Qatar qui s'entoura d'une batterie d'avocats féroces; désigné à son tour par la rumeur, l'insipide ministre des Sports, M. de La Porte, s'en tira par une boutade grivoise et peu goûtée; à Londres, le *Times* ironisa : « Le pape Benoît n'est pas le père. » Des fouineurs apprirent que la clinique de La Muette était un centre de fécondation in vitro, ils se demandèrent si le père pouvait n'être qu'une éprouvette.

Quelques jours plus tard, sans prendre le congé

auquel elle avait droit, la baronne se présenta au Conseil des ministres afin qu'on ne lui volât point son siège, ce dont le Prince était capable. On la vit grimper le perron, svelte, en veste noire et talons aiguilles de chez Zanutti, et elle posa devant les gazetiers pour qu'ils vissent son visage radieux. D'aucuns évoquèrent le courage de la baronne, qui avait confié sa fille pour ne point arrêter son travail ; d'autres s'en offusquèrent : « Faut arrêter avec son courage ! dit une dactylo. Elle travaille pas à l'usine ! Elle se tape pas trois heures de transports en commun par jour ! Elle a une femme de ménage, un cuisinier et plusieurs nourrices ! »

La baronne se sentait harcelée. Elle imaginait un complot pour la perdre et se durcissait ; volontiers cinglante comme Sa Majesté, elle pouvait lancer à un collaborateur : « Je vais t'casser, blaireau ! » Elle avait convoqué des chefs de la police pour qu'ils interdissent des libelles sur son faste, ou qu'ils enquêtassent sur les auteurs des médisances dont elle souffrait. On lui rapportait des mots définitifs sur son incompétence, depuis qu'elle avait prouvé à l'Assemblée qu'elle ignorait la Constitution. On lui en voulait, répliqua-t-elle, parce qu'elle accomplissait à la lettre le programme impérial, ce qui était exact autant que dangereux puisqu'elle avait ligué contre sa personne les magistrats, les gardiens de prison, les juges, afin que Son Monarque Respecté pût décider seul avec ses procureurs de la justice de l'Empire. Le Prince, déjà accoutumé à entendre dire beaucoup de mal de sa ministre, était ébranlé par ses faux pas qu'il fallait corriger en permanence. Il la regardait comme son choix, comme son ouvrage, dans tous ses emplois jusqu'au comble où il l'avait portée et, dans ce comble même, comme sa disciple. Cependant la baronne était à deux doigts de sa perte. Un jour, elle dut attendre dans un couloir du Château avant d'intervenir dans une discussion que Sa Majesté tenait avec des syndicalistes de la magistrature. La baronne ne put entrer qu'au bout d'une demi-heure, pour la figuration, découvrant à sa place le comte Ouart qu'elle détestait et qui figurait en vice-ministre officieux. C'était un joufflu avec une raie sur le côté de sa légère chevelure, chargé de l'espionner et de réparer ses gaffes ; Sa Majesté lui avait confié à propos de la baronne : « Elle a un moteur trop petit pour monter la pente » ; le comte avait son bureau au Château, c'était lui qui poussait le Prince à placer la Justice sous sa coupe. On peut juger de l'amertume de la baronne ; elle devina le néant où elle allait retomber.

Elle ne savait à qui s'accrocher, car en outre elle

déplaisait fort à Madame qui la regardait d'un œil noir, à cause des faveurs que lui avait prodiguées l'ancienne impératrice dont elle se prétendit longtemps la sœur, même si désormais elle l'avait rayée de ses relations. L'emmenant visiter les appartements privés du Château, Madame lui avait fait comprendre qu'elle ne profiterait jamais du grand lit de la chambre impériale, avec une voix négligente. Cela faisait allusion aux galanteries que les courtisans prêtaient à la baronne avant l'avènement de Madame ; celle-ci croyait aux bruits de couloir et en restait courroucée. Une autre fois, comme la baronne avait appelé le Vertigineux Monarque sur son appareil portable, ce fut Madame qui décrocha : « Maintenant Nicolas est marié, il ne faut pas lui téléphoner si tôt. » Malgré des embrassades pour la Cour et les gazettes, les liaisons entre Madame et la ministre furent rompues. La baronne n'avait plus qu'à être officiellement mise à l'écart du Château ; le Prince lui envoya une lettre de cachet qui, la chassant de son ministère, l'exilait à Strasbourg. *La disgrâce*, titraient les gazettes avec un bel ensemble. La baronne d'Ati pensa s'évanouir ; elle se ressaisit, continua à faire bonne figure quoiqu'en pinçant les lèvres, mais elle souriait à son portraitiste personnel parce qu'il alimentait les feuilles mondaines de son image.

Au printemps, des élections devaient expédier loin de Paris de nouveaux députés européens. Ce fut une occasion pour le Prince d'éloigner ceux qui d'emblèmes étaient devenus des boulets. Sa Majesté brandit alors l'Europe comme un bagne pour ceux qu'elle voulait démettre au lieu de les embastiller. Ainsi, malgré sa popularité dans l'opinion qu'elle devait à sa mine et à sa couleur autant qu'à sa voix forte, la princesse Rama y fut condamnée comme la baronne, mais, loin de plier, elle se rebella contre le dessein du Prince. Il lui fallait un mélange de courage et d'inconscience pour déclarer en public qu'elle préférait un mandat national. Notre Impétueux Souverain faillit s'en étrangler ; elle lui envoya une boîte de chocolats en forme de cœur avec un billet qui demandait de lui épargner les mines de sel. Depuis quelque temps, la princesse Rama fatiguait Notre Supérieur par ses propos discordants. A la Garde des Sceaux qui pensait fourrer en prison les délinquants de douze ans, elle avait répondu qu'un enfant est un enfant, qu'il vaut mieux l'éduquer que l'enfermer. Au chevalier Le Febvre qui comptait ficher dès trois ans les marmots violents, elle expliqua qu'une vie fichée était une vie fichue. Lui avoir confié un secrétariat aux Droits de l'homme, quelle erreur !

se lamentait le Prince. Quelle erreur! reprenait M. Kouchner, comte d'Orsay, en courtisan impeccable; la princesse dépendait de lui mais donnait des leçons sur la Libye, la Chine, le Tibet, l'Afrique, à lui qui avait tant aimé les droits de l'homme jusqu'à son entrée triomphante aux Affaires étrangères, un poste dont il avait tant rêvé. Ce Transfuge favori de Notre Fougueux Monarque, après avoir longuement renié son passé, s'était rendu avec facilité au réalisme monstrueux de la politique quotidienne, serrant des mains sales mais tendues, se courbant même devant quelques-uns qu'autrefois il combattait au nom de la morale. «Diriger un pays, disait-il, éloigne évidemment d'un certain angélisme.» Le comte n'était plus un ange et refusait de s'ingérer dans les affaires d'autrui même s'il fallait cautionner des exactions commises au su de tous. Aussi ne fut-il point gêné de fustiger la princesse Rama, dès la colère contre elle de Sa Majesté, en choisissant pour son engueulée la journée du soixantième anniversaire de la Déclaration universelle des droits de l'homme auxquels il refusait maintenant le moindre crédit. Le président de la Ligue de ces droits y alla de son couplet, disant que le secrétariat de la princesse Rama n'avait jamais été qu'un alibi, que c'était en effet une mauvaise idée puisqu'il ne servait à rien, mais au fait, à quoi servait le comte d'Orsay?

La coupable d'impertinence fut reçue au Château par Notre Magnanime Souverain qui lui donna une sorte de leçon :

— Je boude, tu boudes, quel gâchis que c'est! Les gazettes t'adorent parce qu'elles se servent de toi contre moi! Pourquoi tu refuses les élections européennes?

— C'est comme si on me mariait de force au prince Albert!

— Tu joues perso!

— Je n'ai pas oublié Thucydide, que citait ma mère : « Mettons le bonheur dans la liberté, la liberté dans la vaillance. »

— M'en fous, de Sidide! Tu parles jamais de moi!

— Je parle de Votre Grandeur du matin au soir.

— Bon, mais faut qu't'arrêtes de contrarier l'comte d'Orsay.

— Je répète partout que c'est le meilleur ministre des Affaires étrangères qu'on ait jamais eu.

— Et en plus tu t'fous de sa gueule!

Le temps filait. Notre Glaçant Souverain voyait son règne bien entamé. Il lui semblait une course d'obstacles que rythmaient des échéances où le peuple avait son mot à dire. Dans trois ans le Prince devait remettre en jeu sa couronne selon des lois qu'il n'avait pas encore modifiées. Il devait avancer seul parmi ses légions et il fallait que celles-ci le protègent comme une carapace. Le *Ho-Kouan-tseu* était formel, ce précis de domination composé il y avait vingt-cinq siècles dans la Chine des Royaumes combattants, lorsque la méfiance était permanente et les coquetteries hors de mise : « Dans les temps troublés, disait le livre, les grands prennent les ruses grossières pour des raisonnements subtils, l'appât du gain pour le fond de la nature humaine. » Nous y étions. Les manipulations les plus maladroites et les coups de force étaient donc la règle pour assurer la prochaine élection de Notre Monarque Avide, car il n'entendait point rendre sa couronne mais la mieux visser sur sa tête.

Il fallait d'abord replâtrer le Parti impérial, arrêter l'hémorragie de ses troupes et en regonfler la tête. Le Prince s'en chargea, même si ce n'était point son rôle normal, mais il usa d'une ficelle qui lui avait plusieurs fois servi : « Qu'est-ce qu'on aurait dit si... » Cette tournure exploitée sur tous les sujets, la sécurité, la Géorgie, la banque, il la ressortit toute crue au congrès partisan qu'il avait convoqué et déclara, sur un ton d'aveu souriant :

« Ce n'est pas mon travail, mais j'essaie de ne pas être hypocrite, et si vous n'aviez pas réussi à vous rassembler, j'ai une petite idée à qui on l'aurait reproché... » Des rires en salve saluèrent cet humour délicat, car l'union avait été ordonnée, les fâcheries dénoncées ; une hypocrisie avouée était plus hypocrite qu'une hypocrisie cachée, mais il en était ainsi du langage impérial, et chacun répétait les mêmes phrases et les mêmes mots : *pragmatisme* couvrait les contradictions et une allègre façon de tourner avec le vent, de même qu'un *plan social* masquait avec élégance une mise à la porte massive. On préférait *faire bouger les lignes* plutôt que s'agiter en désordre, évoquer la *transparence* pour reconnaître une vérité quand on y était contraint par les événements. Notre Chatoyant Souverain changea fort ouvertement les chefs de son Parti, qu'il nommait secrétaires et formaient ce qu'il appelait sa famille pour en montrer l'affection et la fraternité, lorsque dans les vraies familles on se déchirait, surtout à l'approche d'un héritage.

Le baron Bertrand accourut au premier sifflet, lâchant aussitôt son ministère, le nez au plancher, malléable et plein de zèle. Sa mission au gouvernail du Parti était limpide et définie, qu'il récita à la tribune ; il voulait parvenir à enrégimenter cinq cent mille fidèles, et pour cela les débusquer partout parce que, disait-il, on apprend plus sur le terrain que derrière un bureau. Il se voulait pratique, proposa que le Parti se nommât simplement le Mouvement populaire pour mieux appâter, et que son siège déménageât dans un quartier moins riche et moins proche du Château. Il était question de récupérer les ouvriers que le Parti social dégoûtait, fustiger les spéculateurs pour rafistoler un capitalisme tout propret, et il fit huer un patron qui venait de s'augmenter quand il supprimait cinq mille emplois. On applaudit sans engager le moindre débat, lequel était verrouillé par des discours.

Nous avons déjà donné un portrait fouillé du baron Bertrand et de sa feinte bonhomie dans la précédente chronique, mais il pouvait flancher si on ne le surveillait pas, aussi, à ce rallié qui simulait l'abnégation et le culte du maître, Notre Roublard Souverain attela son Premier écuyer, le chevalier Le Febvre, pour porter et contrôler sa parole. Le chevalier soulevait la méfiance des impériaux tant il était l'oreille et l'œil du Château. A l'Assemblée, suppléant d'un ministre en exercice, il ne fit point florès, mais là n'était pas sa place, laquelle n'était que de servir son prince par tous les moyens. Il avait des yeux verts dans un visage gris, le nez en tubercule, les cheveux mi-longs qui rebiquaient en un jeu de mèches mal domestiquées, des grigris au poignet, des vestes en velours de belle coupe et de grand prix. Il disait n'aimer que Sa Majesté et M. Gainsbourg dont il copiait le mal rasé, l'ironie glauque et le goût juvénile de la provocation. Sa raillerie était d'autant plus efficace qu'elle était plus salée, et il disait les choses les plus désagréables avec volupté, d'une voix faible, chuchotée, ainsi que ces professeurs qui baissaient le ton pour que leurs élèves prêtassent mieux l'oreille. Il avait appris que choquer le poussait au-devant des gazettes, qu'on reprenait ses hypothèses, le plus souvent pour s'en étouffer lorsqu'il vantait la dénonciation comme une vertu, ou le travail à domicile des malades comme une nécessité. Le chevalier Le Febvre était un Jean-Paul Marat né à droite, fils d'un médecin de Neuilly ; il avait un naturel à faire trembler, fougueux, sachant menacer, convaincu que Sa Majesté avait toujours raison et ayant pour unique ambition de le faire savoir par une multitude de communiqués. Sa mauvaise foi faisait peur sauf à Jean-François, grand-duc de Kahn, qui pensait à rebours et troussait la formule. Le grand-duc fit en peu de mots et devant lui un croquis si juste du chevalier que celui-ci en fut quelques secondes pantelant. Goguenard, avalant ses phrases, le grand-duc lui avait dit : « Les Français aiment les chiens, sauf les pitbulls, les roquets et les caniches, or vous êtes les trois à la fois. » Eh oui, le chevalier plantait ses crocs et ne relâchait sa proie qu'à demi dévorée, comme le premier, aboyait en reculant comme le deuxième et comme le troisième se couchait aux pieds du maître qui lui flattait le pelage. En mousquetaire, il préférait créer des événements plutôt que les souffrir, mais il fut dépassé par l'omniprésence planétaire du nouvel empereur d'Amérique.

M. Obama fut sacré sur les marches du Capitole, à Washington, dans un grand concours de peuple. Il prononça un discours très évangélique pour dire que son pays était la terre promise et devait montrer la voie au monde, délaissant l'Europe et oubliant la France, ce qui mit en rogne Notre Prince, lequel ironisa comme on avait plaisanté naguère sur sa propre investiture : « C'est fou, ça ! Ils sont au fond du trou, les Américains, et personne ne demande combien elle coûte, cette cérémonie, et les concerts, les bals... » Notre Sarcastique Leader regardait sur son écran la foule en liesse et cherchait à y surprendre l'archiduchesse des Charentes qui seule avait fait le déplacement parce que, disait-elle, les équipes de M. Obama l'avaient rencontrée à Paris quand elle menait campagne contre Sa Majesté, pour s'inspirer de ses méthodes. Notre Monarque Maximum voyait-il les différences flagrantes entre M. Obama et lui-même? Savait-il que l'Américain avait gelé les salaires de ses conseillers quand lui augmentait les rémunérations des siens? Qu'il soulevait de la curiosité quand M. Obama soulevait un espoir? Ce qui insupportait le plus M. Obama au sujet de Notre Ebouriffant Leader, c'était sa manière de se faire mousser, quand il dénigrait Johnny Walker Bush qu'il avait porté aux nues, allant jusqu'au mensonge pour expliquer que celui-ci l'avait dissuadé de rencontrer le tzar à propos de la Géorgie, or M. Obama savait qu'il l'avait soutenu et encouragé. On ne pardonnait pas les bobards, aux Amériques, mais Sa Majesté ne se résolvait point à ce qu'on décommandât un déjeuner à la dernière minute, ou qu'on l'écartât d'une photo avantageuse près du nouveau vainqueur qui, elle le répétait, finirait par se déconsidérer puisqu'il n'avait pas du pouvoir l'expérience longue et raffinée de Notre Epatant Souverain.

Lorsque des Guadeloupéennes confièrent à une gazette que M. Demota, qui menait une révolte à Pointe-à-Pitre contre le prix des choses, était leur nouvel Obama, métissé comme lui mais de trois couleurs, le Prince s'intéressa enfin à la paralysie de cette île qui durait depuis des semaines. Il voyait des Obama partout, des Antilles à la Cité des Quatre-Mille et même jusque dans son gouvernement où la princesse Rama lui tenait tête. Ses Conseillers ouvrirent un atlas afin que le Prince, très crispé, pût convenablement placer cette île litigieuse éloignée du Château de sept mille kilomètres.

C'était autrefois la terre des fleurs et des ouragans, quand les colons blancs s'en emparèrent, puis très vite celle du tabac, du sucre et du café qui enrichissaient la métropole. Les Indiens du début, vêtus de palmes et de bijoux, pêchaient le poisson à la main, cueillaient des fruits juteux qui poussaient sans aide et boucanaient des gros lézards à la plus grande joie de M. Jean-Jacques Rousseau, mais ils manquèrent de vigueur et ne purent sauver leur paradis. Peu habitués aux travaux forcés comme aux travaux tout court, ils disparurent et furent remplacés par des malabars ramenés d'Afrique sur les navires marchands ; leurs maîtres les logeaient loin de chez eux, dans des cases sans fenêtres et au-dessous du vent tant ils sentaient le bouc. Ils n'avaient pas plus de droits qu'un vase ou une pelle. Ceux qui s'enfuyaient, sitôt repris, on leur coupait une jambe et ils ne pouvaient plus s'échapper en courant; on les condamnait aussi au carcan, avec un bâillon frotté de piment; on leur déversait parfois sur la tête la bouillie brûlante des cannes, avec les grandes cuillères des sucreries, ou bien on leur clouait l'oreille contre un bananier. Les descendants de ces malmenés se sentaient encore esclaves puisque l'esprit colonial se perpétuait sur l'île, mais leurs hantises mal enfouies s'étaient réveillées sous forme de grève générale. A l'origine, Sa Majesté s'en fichait et regardait au fenestron les cortèges noirs qui scandaient en chantant leurs slogans, *La Gwadloup sé tan nou, yo téké fè sa yo vlé an péyian nou*; comme il n'y avait pas de sous-titres le Prince ne s'alarma point de ce que criaient ces lointains, que leur île était à eux, que les colons n'en feraient plus n'importe quoi.

Quand Notre Chétif Despote apprit qu'un kilo de pâtes s'achetait 87 % plus cher à Pointe-à-Pitre qu'à Paris, à cause des taxes et des importateurs, il fit savoir que la concurrence était la solution, en omettant de souligner la spéculation immobilière, la corruption, le chômage, la pollution des terres agricoles. Et puis, si les fonctionnaires étaient mieux payés qu'en métropole, sans diplômes, les diplômés de l'île, eux, n'avaient guère l'espoir de dénicher un vrai travail, vigiles tout au plus dans une grande surface.

Quand la tension monta, et que Notre Perspi-
cace Leader vit des images de voitures renversées
qui barraient les routes en barricades, avec des
lampadaires et des baignoires enflammées, les
Guadeloupéens devinrent des voyous auxquels il
envoya dix escadrons de gendarmes supplémentai-
res. Cela ne régla rien, et, à l'égal de ce qui surve-
nait dans nos banlieues de métropole, la Crise
exaspérant la misère, il y eut un tué avec une balle
pour la chasse au sanglier.

Quand on en fut arrivé à ce degré d'ébullition,
Notre Brûlant Souverain se souvint qu'il avait
nommé un secrétaire à l'Outre-mer, M. de Jégo,
non point pour sa connaissance des palmiers, des
plages et du rhum, mais parce qu'il ne savait où le
caser ailleurs. M. de Jégo fit ses valises pour les
îles avec mission d'étouffer la révolte. Par malheur, le secrétaire s'intéressa aux problèmes de ces
maudits habitants de la Guadeloupe, les rencontra,
les écouta, palabra avec les maires, les agriculteurs,
les uns, les autres, commença à les comprendre et
promit de satisfaire leurs doléances, ce qui déplut
au Château où l'on redoutait que l'émeute gagnât
la Martinique, la Guyane, la Réunion, le Pays
basque, la Bretagne, la Corse, l'ensemble de nos
colonies. M. de Jégo, au bout d'une semaine, fut
rappelé à Paris afin d'y recevoir une fessée. En

descendant d'aéroplane, il avait maigri de huit kilos, rapportait une tenace migraine et des cernes sous les yeux, mais il trouva la force de sourire en disant : « Cette crise a au moins une vertu : on parle enfin un peu de moi. » Son visage, contenu dans un sérieux mou, semblait exprimer le *non sum dignus* plus profond de son esprit, que ses yeux battus démentaient et qu'il promenait sur le Prince à la dérobée. Toute sa personne témoignait qu'il se laissait conduire, et sa confusion de ce qui se passait. La mission de M. de Jégo tournant au rien, Notre Indécrottable Majesté confia à d'autres le soin de négocier et d'interrompre la grève qui gênait le tourisme aux Antilles ; ce ne furent que des pansements car on n'alla point au fond, mais les manifestants furent découragés, ce qui n'empêchait pas le feu de couver en dessous.

Le Prince se rendit sur place longtemps après quand il crut achevée la révolte, et comme en métropole il visita des îles mortes, surtout les aéroports où des militants indigènes l'acclamèrent pour qu'il ne demeurât que des clichés avantageux.

Notre Asticotant Potentat chahutait sa Cour afin qu'elle le servît à l'aveugle. Il jouait avec son personnel, qui lui devait d'exister, comme un matou avec un souriceau; il lui miaulait aux oreilles pour l'effrayer, il le griffait, le jetait de côté, le saisissait par une patte, le faisait tomber, le roulait, le retournait, le mordillait et finissait par le laisser chancelant avant de le croquer. A dates régulières, quoiqu'il entretînt des frayeurs en permanence d'une insulte ou d'un haussement convulsif du sourcil, le Prince distribuait des tableaux d'honneur, des blâmes ou des punitions qui tombaient par surprise; chacun s'angoissait sur son sort, figé d'obéissance et craignant de déplaire. Ainsi, par un excès de sérieux malvenu, M. de Jégo fut anéanti et ne devait point s'incruster dans la politique impériale. De lui ne resterait qu'un mot, mais ce mot le hissait au rang d'un génie du dessin animé, ce M. Tex Avery qui crayonnait à merveille des situations folles, car il lança le plus gravement du monde, à propos du Parti social et de la gabegie antillaise : « C'est la mouche du coche qui jette de l'huile sur le feu. » Si M. de Jégo entra dans l'Histoire pour une phrase, le comte d'Orsay faillit en sortir pour un livre.

L'affaire fit un grand bruit.

M. Péan, libelliste indépendant et sans maître, s'attaqua à ce que le comte avait de plus cher, son apparence. Le comte l'avait constituée et nourrie au fil des décennies et elle lui méritait une considération peu discutée; comment critiquer une personne aussi sainte, auréolée de morale, qui s'en fut soigner les plaies du monde, pourvu qu'elles fussent loin de chez lui et en couleurs? Certes, on vit le comte d'Orsay courir les latitudes avec des médicaments, du riz et des caméras pour sensibiliser le grand nombre à des malheurs choisis. Il y avait des malheurs qui sonnaient en effet mieux que d'autres, lesquels semblaient impropres à l'image ou d'un accès trop périlleux comme ces famines à répétition en Corée du Nord, le seul pays où même les rats mouraient de faim; comme, au Turkestan, la bastonnade chinoise des Ouïgours que le comte confondit par deux fois avec des yogourts, montrant par là son état de fatigue. Le comte voulait que le spectacle vint à la rescousse du malheur, et que les images s'incrustassent fort dans le public. Il avait compris qu'un air de violon poussait à la compassion, puis aux dons. Cette générosité s'apparentait parfois à celle de ce monsieur qui aide à traverser la rue une dame, laquelle entend rester sur le trottoir, mais le comte avait débuté jeune dans le bienfait, dès cette guerre séparatiste du Biafra qu'armaient les services de Charles Ier de Gaulle contre un Nigeria hostile à nos champignons atomiques du Sahara. Il y avait des fusils dans les avions de la Croix-Rouge. Le comte reprit alors un terme lancé par les agents secrets en dénonçant au porte-voix un génocide. L'opinion en fut émue.

Depuis cette révélation humanitaire, le comte d'Orsay fit de l'indignation son panache. Il y avait du Cyrano en lui, avant qu'à la Cour il se changeât en Scapin. Le comte avait toujours mené grand train et fait bonne figure dans les salons, tout en dentelles moussantes, et il ne refusait jamais de s'aider lui-même comme il aidait autrui, ce que lui reprochait M. Péan, l'accusant de profiter de sa notoriété pour signer d'appétissants contrats. Dans un rapport, il avait loué les vertus d'un pétrolier français qui enrichissait sans honte les tyrans de Birmanie, mais, découvert, le comte avait aussitôt remis la somme déjà versée à des bonnes œuvres; au Congo, au Gabon surtout, pour des autocrates qu'il tutoyait il pondit des petits textes sur la santé, bien rétribués mais qui ne servaient guère, car les hôpitaux restèrent délabrés et le peuple peu soigné; d'ailleurs, lorsqu'ils étaient malades, les privilégiés de ces pays ne fréquentaient que des établissements français, espagnols ou suisses.

Lorsqu'il exerça cet art de consultant, le comte n'était point encore ministre, même s'il l'avait déjà été, et son activité n'était pas illégale, qui consistait à vendre son nom, mais le professeur de Bré, un éminent chirurgien qui connaissait l'Afrique, en fut choqué : « Quand on va aider ces pays, dit-il, on évite de demander de l'argent. » Où était passé le bénévole ? Le livre de M. Péan froissa l'image du comte, qui riposta. Parce que le mot *cosmopolite* figurait dans l'ouvrage, il fut trompetté que cela évoquait les anciens grimoires hostiles aux juifs, lesquels abusaient et déformaient ce mot venu du grec qui signifiait « citoyen du monde ». M. Péan en fut étourdi, mais, sachant sa probité, des gazetiers prirent sa défense, alors l'affaire d'Orsay devint l'affaire Péan, et, au bout d'un temps, se dégonfla. Le comte put continuer à placer des proches dans les ambassades ou dans son cabinet ; il suggéra même à Sa Majesté le nom de la comtesse d'Orsay pour qu'elle dirigeât des fenestrons publics dépendant de son propre ministère ; ainsi fut-il.

Chapitre IV

UN SOMBRERO SUR LE NEZ. — L'ANTINICOLISME PRIMAIRE. — SEUL CONTRE TOUS. — MONTÉE DE GROGNE. — SALAUDS DE JEUNES. — BREF APERÇU DU COMTE COPÉ. — CAPRICE DU 1er AVRIL. — LA RENCONTRE DE STRASBOURG. — UN NOUVEAU RÔLE POUR MADAME. — M. DE CHARON, PREMIER VALET DE CHAMBRE. — POTINS ET POPOTINS EN ESPAGNE.

Notre Céleste Leader ressentait l'ingratitude des travailleurs pauvres à son égard, parce qu'il se penchait fort peu sur leurs douleurs. En chemin, il avait compris qu'un licencié n'était point forcément celui qui avait décroché un diplôme de l'Université mais aussi celui que son patron avait eu la licence de congédier. Des centaines de milliers de gens vivaient au rabais. Ils récupéraient les meubles défectueux laissés dans la rue, volaient des salades dans les jardins, n'achetaient plus que les bas morceaux et retournaient à une cuisine de guerre à base de restes, cœur de bœuf ou langue de cheval. Des vendeurs de mode le jour dormaient la nuit dans leurs voitures faute de sous pour la location d'un taudis ; si les accidents de la route baissaient, ce fut à cause du coût des carburants plus que des gendarmes.

Averties de ces réalités, Leurs Majestés cachaient mieux leur vie privée et commandaient la plus totale discrétion quant à leurs voyages de délassement, lesquels ne devaient plus outrager la masse qui n'avait même pas les moyens d'aller voir la mer. Lorsque le couple impérial, au début du mois de mars, s'envola pour l'Amérique centrale, la consigne avait été donnée de ne rien révéler sur cette escapade, mais la langue de Madame fourcha lors d'une fête de charité au pavillon d'Armenonville : « Ce soir, dit-elle, je pars pour le Mexique. » La gaffe propagea la rumeur et les paparazzi se mirent à l'affût du Yucatán à Acapulco. Ce ne fut qu'après le voyage qu'on fut informé par des gazettes qui se contredisaient. On avait d'abord localisé Leurs Majestés au Tamarindu Beach and Golf Resort, sur la côte pacifique, où l'on pouvait souper aux chandeliers sur les trois kilomètres de plage privée que surveillaient au large des patrouilleurs de la marine ; puis on décela leur présence dans l'Etat de Jalisco, invités chez le banquièr Ramirez, un milliardaire qui spéculait sur le peso et avait naguère blanchi de l'argent louche; on sut encore que la police avait évacué un site archéologique à Teotihuacán, pour que le Prince et Madame pussent s'y promener en compagnie du président Calderón. Ce dernier redoutait que Notre Piaffant Monarque lui demandât de libérer sur-le-champ une Française qu'il détenait pour soixante années dans ses prisons; elle avait été accusée de participation à des enlèvements, le nouveau méfait national mexicain, environ dix mille par an qui se terminaient souvent par la mort; la Française criait son innocence mais le président Calderón ne put rien pour que Notre Prince revînt au pays avec elle, comme autrefois l'ancienne impératrice avec les infirmières bulgares capturées en Libye. « Je ne peux pas intervenir comme vous sur la justice, Sire, lui expliqua Calderón. Ici nous sommes en république et nos magistrats sont indépendants. » Le Prince n'insista que pour la forme et, avant de rentrer bredouille au Château, il passa en revue des soldats vert olive qui gouttaient de sueur sous le képi, tant le soleil chauffait, puis il présenta aux Mexicains une ribambelle d'affairistes français de haute volée qui s'apprêtaient à fondre comme des choucas sur la main-d'œuvre locale, si bon marché. Le Transfuge Besson rejoignit cet aéropage après avoir fait un détour pour examiner le mur de quatre cent quatre-vingts kilomètres qui fermait la frontière avec l'Amérique du Nord ; il se passionnait désormais pour les migrants sans papiers et les façons de les contrer. Il avait des barbelés dans les yeux, cet homme, et un mauvais sourire en biais. Au ministère des Tracasseries, sous prétexte de détruire les filières clandestines, il compliquait la vie de quiconque nourrissait, habillait ou hébergeait ces bougres d'Afghans qui fuyaient des massacres. Ses vaillants policiers n'hésitaient jamais à investir des organisations charitables, comme le centre Emmaüs de Marseille, pour relever les noms étrangers de leurs résidents et en arrêter au besoin. Le Transfuge Besson présentait à son monarque des chiffres ronflants de reconduites à la frontière, comme ces dix-sept Marocains qui, venant d'Italie, traversaient notre Midi en car pour rentrer chez eux par l'Espagne ; enfournés dans le vol Perpignan-Paris-Casablanca, on les renvoya donc où ils voulaient aller.

A force de concentrer les décisions dans son bureau, Notre Brouillon Souverain se retrouva isolé. On grondait jusqu'autour de lui. Ses ministres, il les désavouait en public, les injuriait en privé ; ils en perdaient le peu d'autorité qu'autorisaient leurs titres. Sa Majesté jetait des lois par poignées comme la semeuse, et annonçait des mesures avec lesquelles chacun, les découvrant, devait se débrouiller; ces réformes qu'ils devaient défendre, sorties chaudes de la cervelle impériale, manquaient de préparation, à peine empaquetées, plus coûteuses qu'efficaces et toujours mal comprises. Pour voter au pas de course soixante-douze lois de Notre Vigoureux Despote, les impériaux n'étaient plus aussi nombreux qu'au début en séance, ils rechignaient, inventaient des prétextes; les prétoriens endurcis du Prince n'étaient qu'une dizaine et peinaient à convaincre leurs collègues. On appelait ces partisans les nicolistes, un nom formé sur celui de Nicolas Ier, et leurs adversaires devinrent *ipso facto* des antinicolistes, parce que sous le régime impérial ceux qui n'étaient pas pour étaient contre. La formule s'affina et les nicolistes reprirent bientôt comme défense une expression très ancienne du hospodar Marchais, vassal de Moscou, pour répliquer à qui le critiquait; son *anticommunisme primaire* se transforma en *antinicolisme* pareillement *primaire*, car toute la saveur tenait dans l'adjectif, ce *primaire* qui vous reléguait au rang des niaiseux.

Toutefois la méfiance s'ajoutait au mécontentement. Si les députés impériaux étaient légitimistes, ils n'en étaient point pour cela de fervents nicolistes. Les fustigés, les punis, les méprisés se groupaient alors, un par un ou par paquets, sous les ailes déployées et accueillantes de M. Copé, duc de Meaux, qui présidait leur groupe à l'Assemblée et s'y sentait épanoui, élu par ses pairs, inamovible tant que durerait le règne de Sa Majesté dont il guignait la place. Le duc de Meaux était le seul à ne pas subir les humeurs de Notre Prince Agacé, car il n'en dépendait pas et préférait recevoir dans son club que dans un froid ministère. Au pouvoir du Château il opposait celui de la Chambre, qu'il maîtrisait. Le duc avait un grand front, des yeux qui plissaient quand il souriait pour masquer une sorte de contentement intérieur. Il avait dix ans de moins que le Prince et le répétait, ajoutant qu'il avait une furieuse envie de monter sur le trône depuis l'âge de huit ans. De son père, cancérologue et comédien, il avait appris la maîtrise et contenait ses énervements, cachant sa brutalité évidente sous une jovialité entretenue, et, pour marquer sa bonne humeur, il pianotait *The Girl from Ipanema* sur son orgue électrique. Le duc pariait sur l'échec de ce Prince qui l'avait écarté du Château, et il méditait devant la figurine posée sur son bureau, un Zorro qui l'inspirait dans son action de justicier. Songeait-il à inviter Sa

Majesté dans sa maison familiale de Gambais, ce village où M. Landru brûlait ses victimes après les avoir pigeonnées, et réduire le souverain en poussière dans son four ? Le duc de Meaux travaillait désormais à son compte et figurait en recours si par malheur immense Notre Coriace Souverain flanchait. Lorsqu'il croisait dans la salle des Quatre-Colonnes, au Palais Bourbon, un ministre ou un représentant déprimé, il lui citait quelques vers de M. de La Fontaine, *Le Loup et le chien*, qu'il commentait d'un ton malicieux : « Toi, tu as un collier au cou comme un chien de garde, mais moi je suis libre comme un loup. » Les jeunes impériaux appréciaient cette légèreté, ils n'acceptaient point de se faire traiter de chiens, moins encore de moutons, et formaient naturellement une troupe piaffante autour du duc de Meaux ; ils critiquaient même à mots découverts, entre eux, l'ascension du Prince Jean, un fils de Sa Majesté qui tournait au gandin en politique ; il avait leur âge et régnait déjà sur les impériaux des Hauts-de-Seine, à cause de son nom et de l'appui sans faille de la Cour. Le jeune entourage du duc de Meaux devait approuver par honnêteté la joyeuse action des militants de « Sauvons les riches » qui s'opposaient aux excès par des pantalonnades ; ainsi les vit-on, grimés en élégants de Saint-Jean-de-Passy, costumes cintrés ou jupes écossaises, foulards Hermès, mocassins, troubler un paisible déjeuner du Rotary; ils allumèrent leur sono portative pour baigner la salle dans la musique du feuilleton *Dallas* et remirent au Prince Jean, interloqué à la table d'honneur, un diplôme de fils à papa.

Un humour de printemps relevait la colère étudiante, laquelle explosait dans des collectifs à la fois graves et farces. « Sauvons l'Université! » ou « Sauvons la Recherche! » proclamaient des apprentis professeurs et chercheurs aux nez rouges; ils se couchaient comme des cadavres place de la Sorbonne, des affichettes épinglées sur la poitrine : « Je pense donc je nuis », « Aux petits hommes la patrie méprisante » pour singer la formule gravée au Panthéon voisin; une corne de brume retentit, tous se redressèrent et les filles scandèrent : « Madame, Madame, on veut pas faire comme toi, on veut pas se faire baiser par Nicolas! » D'autres se relayaient pour tourner dans une ronde sans fin, jour et nuit, qu'il fît beau qu'il fît laid, sur le parvis de l'Hôtel de Ville où des conseillers de M. de La Noé leur proposaient du thé chaud. Ceux-là rejetaient la nouvelle Université qui devait se transformer en entreprise. Pendant des semaines, par dizaines de milliers, les étudiants se promenèrent en cortèges, donnèrent des concerts de casseroles, défilèrent aux flambeaux en criant à Brest, Lille, Reims, Lyon, Toulouse, Marseille... Ils formaient cette génération précaire qui se ramassait en une définition qu'aurait pu écrire le grand philosophe M. Pierre Dac : « Partir de rien pour arriver nulle part en revenant de tout. » Cependant, Notre Incorrigible Prince pontifiait devant les micros : « Je ne veux pas d'une génération sacrifiée ! » Et aussitôt il agissait en faveur d'entreprises qui n'embauchaient point de jeunes, mais il ignorait ce que M. Hemingway avait dit, une bière fraîche à la main, assis à la terrasse de la Closerie des Lilas devant le maréchal Ney statufié dans le bronze, sabre au poing après la débâcle de Waterloo : « Je pensai que toutes les générations sont perdues par quelque chose et l'ont toujours été et le seront toujours. »

Notre Inexorable Leader, enivré d'autorité et de colère, se défoulait sur les jeunes puisque lui-même ne l'avait jamais été, et qu'il devait leur en vouloir de l'être. Il fit interdire par la baronne Bachelot, qui se mêlait de la Santé publique, la vente d'alcool et de tabac aux moins de dix-huit ans, parce qu'il ne savait d'autre méthode, ou-bliant que les interdits poussaient au crime, se contournaient avec joie, et que réprimer c'était inciter. Notre Arrogant Monarque rangeait la jeunesse en deux classes distinctes et également dangereuses, les uns étudiaient ou prétendaient le vouloir, les autres traînassaient dans leurs banlieues, y tournaient comme des tigres au zoo et le forçaient à sévir; ce fut alors que la notion de bandes apparut dans les gazettes. Les bandes avaient toujours existé dans la jeunesse comme un réflexe de survie, une chaleur, des amitiés, une force en face d'adultes satisfaits ou rigides qui ne comprenaient plus. Souvenez-vous des grandes vacances d'autrefois, de ces bandes désœuvrées sur les plages, réunies en rond autour d'un transistor qui crachotait la chanson de l'été. Souvenez-vous des jalousies, des amours rapides mais éternels qui résistaient mal à la rentrée des classes. Souvenez-vous de *West Side Story* : les Jets et les Sharks existaient encore dans nos terrains vagues.

Des jeunes gens qui avaient grandi ensemble vivaient en grappes à la périphérie, dans des paysages gris d'une tristesse abyssale où, pour se donner une allure guillerette, les écoles et les gymnases se nommaient Pablo Neruda ou Jacques Prévert. Ces lascars flânaient, se tenaient les coudes et tuaient le temps; ils s'écharpaient entre quartiers pour mieux régner sur leurs territoires. Les incidents étaient fréquents à Beaumont-sur-Oise, Alençon, Stains, Vigneux, Draveil, Montgeron, Arcueil... Un matin, des petits du Chesnay se firent molester en allant jouer au ballon dans la cité voisine des Dahlias. Ils se plaignirent à leurs aînés, des grands de vingt ans qui menacèrent en retour. Un duel à la clef à molette eut lieu sur les hauteurs de Gagny, dans des carrières. Le Chesnay l'emporta à cause du nombre, parce que les combats singuliers n'existaient plus. Ruminant leur revanche, les Dahlias plantèrent un couteau dans le dos d'un Chesnay isolé, devant un centre commercial. En représailles, le lendemain, un gosse des Dahlias fut roué de coups et dévalisé dans une gare. Avec des cagoules, des barres de fer, des couteaux, des tournevis, une expédition punitive fut lancée contre un lycée de Gagny ; il y eut douze blessés. L'équipée se retrouva en gros titres à la une des gazettes.

Cette réalité irrita fort Nicolas Ier, qui roula des épaules comme un shérif : « Ce sont pas les bandes qu'elles vont gagner ! » Notre Indépassable Monarque n'entendait point que, selon l'usage de nos contrées, la force restât à la loi, mais que la loi restât à la force. Des idées magistrales fusèrent aussitôt, que la Cour relaya. Sa Majesté voulut un nouveau fichier des écoles maudites où les maîtres recevaient des œufs sur la tête et des injures de marmots orduriers qu'ils n'avaient point le droit de gifler. Des compagnies de vigiles à biceps allaient faire des rondes et contrôler, soit, mais un policier plus finaud que les autres se demanda où les trouver puisque les effectifs des commissariats se réduisaient par souci d'économie autant que ceux des enseignants. Quoi qu'il en fût, Sa Majesté concocta une loi contre ces bandes morveuses : désormais, qui assistait à un incident, même avec les mains dans les poches, méritait trois années d'embastillement. Le comte d'Estrosi s'y attela et pondit un texte qui existait déjà sous un autre nom, celui d'association de malfaiteurs.

Il y eut d'autres idées grandioses, comme celle de placer dix ou vingt portiques de sécurité à l'entrée des collèges pour vérifier que les élèves n'y entrassent aucunement des armes pour assassiner leurs maîtres ou leurs surveillants. Dans un établissement de six cents élèves, des malicieux avaient calculé que ces adolescents devraient se tenir devant les grilles environ cinq heures avant le premier cours de la journée, donc à trois heures du matin, sans oublier que faire sonner le portique pouvait devenir un jeu facile et très amusant, car il suffisait d'un trousseau de clefs ou d'un compas en métal. On imaginait par avance les vantardises à la récréation : « J'l'ai fait sonner sept fois, moi, ce matin, le portique !

— Et moi huit, à cause de mon appareil dentaire ! » Remarquons à ce propos qu'aucun lycéen n'avait jusque-là été surpris en train de porter un pistolet-mitrailleur dans son cartable, juste un poinçon pour crever les pneus de la voiture du proviseur. Quand les policiers intervenaient dans des quartiers misérables, ils étaient souvent reçus au petit plomb comme des perdreaux, mais des armes de guerre circulaient en banlieue. Les gangs bien organisés de dealers et de braqueurs qui avaient peu fréquenté l'école, plus âgés, achetaient en contrebande une kalachnikov pour trois mille euros, un colt pour quinze cents, voire des lance-roquettes ou des 357 Magnum. Ce matériel arrivait des Balkans en pièces détachées, fourgué par d'anciens soldats du Kosovo ou de Bosnie.

Comme à son habitude, Sa Majesté préférait traiter la surface des choses, qui seule se voyait, et il répondait à la brutalité par la fureur, comme ce M. Vaillant-Couturier irascible qui préconisait autrefois la démesure : « Pour un œil, les deux ; pour une dent, toute la gueule. » Il y avait cependant d'autres violences redoutables, que Notre Vitupérant Monarque attisait en y étant sourd et aveugle, celles que subissaient les employés chassés de leurs bureaux, les ouvriers jetés par milliers de leurs usines, et qui se rassemblaient quelquefois pour hurler au gré des fermetures. Un jeudi de mars, ils furent près de trois millions, exaspérés, à défiler dans deux cents villes, rejoints par les étudiants. On y remarqua des vedettes, ceux de Continental qui fabriquaient des pneus dans l'odeur du caoutchouc, de la graisse et du carbone ; ils portaient un cercueil sur lequel était écrit en grosses lettres : « Les actionnaires au caviar, les salariés au placard. » Voilà l'obligation nouvelle : pour se défendre, pour simplement négocier un départ aux oubliettes moins honteux et mieux rémunéré, les désespérés devaient passer sur les écrans, se montrer, être connus. Les gazettes ne se déplaçaient que si le spectacle croustillait, alors les uns saccageaient un bureau de préfet, les autres menaçaient de faire exploser leurs hangars avec des bouteilles de gaz alignées sur un muret ; d'autres bombardaient leurs directeurs avec des œufs, des pétards, des crachats : un monsieur en costume bleu marine, fuyant, courbé, transformé en omelette, cela avait de la gueule aux images de vingt heures. Avec les séquestrations de cadres, l'intérêt des échotiers monta d'un cran. Les ouvriers appelaient cet acte litigieux une retenue. Des sociétés de sécurité spécialisées entraînaient même des patrons, lesquels allaient licencier et ainsi s'exposer à ce genre de représailles pour

122

verser de plus lourdes indemnités : ils seraient enfermés, entre cinq et trente heures, et devaient donc prévoir en permanence un nécessaire à toilette, une chemise de rechange, stocker de l'eau en salle de réunion, et pourquoi pas des gâteaux secs.

Apeurés par la tornade sociale qui pouvait les balayer et transformer leurs maroquins en chiffons, les ministres impériaux se faisaient discrets ; on ne les entendait plus guère. Notre Hardi Monarque convoqua ces poltrons au Château à l'heure du déjeuner et leva leurs inquiétudes en donnant l'exemple de sa magnifique maîtrise : « C'est dur pour vous, j'comprends, mais que moi aussi j'me fais taper d'ssus, eh ben j'vais vous dire quelque chose, c'est que moi, je l'ai, la banane. La période, elle est formidable, c'est nous qu'on conduit l'bateau, on a pas l'droit d'avoir la pétoche. » Les autres se demandaient quelle médecine avalait leur souverain pour tenir aussi ferme le choc. Ils ignoraient que le chevalier de Guaino, chargé des discours essentiels, avait montré à Sa Majesté la planche 25 de *L'Etoile mystérieuse* pour lui gonfler le moral. On y voyait M. Tintin en ciré ; il bravait le vent et les paquets de mer qui se déversaient sur le pont du navire *Aurore* pour s'approcher du capitaine Haddock, lequel tenait la barre en souriant, une pipe éteinte aux dents, et disait à son jeune ami : « Jolie brise, n'est-ce pas ?

— Comment ? lui répondait M. Tintin. Ce n'est pas une tempête ?

— Mais non, reprenait le marin, un simple coup de tabac. »

Désormais, à la suite de cette lecture fortifiante, ministres et conseillers mal à leur aise suivaient les leçons du stratège personnel de Sa Majesté, M. Le Goudard, un parasite de la réclame qui réfléchissait à l'image impériale et comment la pomponner. Il avait la tâche ardue d'expliquer que le Prince n'était pour rien dans la Crise, cause de nos malheurs. M. Le Goudard enseigna aux ministres les plus angoissés à se vendre. Il leur servait une vieille rengaine, sortie déformée des lointains propos de M. McLuhan, un Canadien qui avait le premier su décortiquer nos moyens de communiquer : *Vous êtes le message !* leur disait-il avec un air d'hypnotiseur. Comme aux regards hébétés il comprenait que lui-même n'était point un message convaincant, M. Le Goudard enfilait alors des exemples :

— Prenez modèle sur la duchesse de Lorraine.

— Mme de Morano ?

— Oui, car elle sait capter l'attention par ses foucades, ses mimiques, ses intonations, et ainsi elle existe, même si personne n'a retenu ce qu'elle a dit et qui ne compte pas. Vous me suivez ?

— Sans doute, grand gourou. Pour qu'un discours porte il faut y mettre de la gouaille.

— Parfait! Vous pouvez même y rajouter un brin de vulgarité, ou de grossières fautes de langage comme Sa Majesté, laquelle piétine la syntaxe, afin que votre auditoire soit rassuré en vous entendant parler un français aussi boiteux que le sien.

— Mais nos discours...

— On vous mijotera au Château la seule phrase qui devra se maintenir, au moins deux jours, et fleurira dans les gazettes; le reste n'est que babil et habillage.

Le 1ᵉʳ avril, cette journée vouée par tradition au fameux poisson accroché dans le dos qui symbolise le rire aux dépens, Notre Stressant Suzerain allait retrouver les affaires du monde où il aimait scintiller; immanquablement cela ferait grimper sa basse popularité. Pour s'échauffer il gesticula à Châtellerault, avant de rencontrer à Londres les principaux dirigeants de la planète, et s'attaquer aux mœurs sauvages de la finance : « Y a pas l'choix, dit-il, faut des résultats, on va pas s'réunir pour rien! » Il donna un prêche tout en muscles dans un hangar rempli de patrons du patronat et de supporteurs impériaux, loin des trois mille manifestants tenus à distance raisonnable par des jets de lacrymogène. Une ouvrière de la fonderie locale expliquant qu'elle se trouvait au chômage partiel, cela permit à Sa Majesté de trousser une réplique préparée : « J'préfère qu'on parle d'activité partielle que d'chômage partiel ! » Notre Prodigieux Autocrate appelait *positiver* cette inversion sournoise des termes, et il ajouta pour les grincheux : « C'est pas les critiques qui f'ront les emplois de demain. » Puis il partit à Londres en matamore, malgré sa menace de quitter le sommet s'il ne parvenait point à rendre plus aimable la finance internationale. A qui évoquait ce dernier caprice il répondait en débarquant chez les Grands-Bretons : « C'est embêtant pour moi de partir alors que j'viens d'arriver et que j'dois construire un nouveau monde... »

Pour complaire à Notre Stupéfiant Monarque, afin qu'il ne quittât point sa chaise avant la clôture du sommet pour rentrer furibond au Château, les autres grands chefs des grands Etats durent l'écouter qui tonnait contre les paradis fiscaux : « C'est ça, la fraude ! disait-il. Etes-vous pour la fraude ? » Les autres hochèrent la tête. Ils connaissaient ces points du globe, bénis des financiers, où l'on ne demandait jamais d'où venait l'argent déposé, que protégeaient le secret et un impôt faible ou nul. Ils savaient que ces paradis étaient en Grande-Bretagne, en Hollande, en Suisse, au Luxembourg, en Autriche, en Belgique, à Monaco, dans quelques Etats de l'Amérique comme le Nevada. Ils consentirent cependant à établir une liste noire pour en désigner certains et prouver leur bonne foi, mais les punis regimbèrent. Quoi? L'Uruguay, le Costa Rica, la Malaisie? La liste noire allait changer de couleur sous l'effet d'une protestation sourde, et de noire devint grise avant de blanchir sur parole ainsi que l'argent corrompu qu'on y lessivait.

Notre Intense Timonier se laissait ensorceler par M. Obama, lequel l'emmena à l'écart avec l'empereur de Chine pour les réconcilier, ce qui permit d'oublier à quoi allaient servir ces listes dans la pratique. Le *Washington Post*, le *New York Times*, des feuilles germaines, espagnoles, brésiliennes doutaient de la purge impériale chargée d'anéantir les manières inconvenantes d'une finance sans bride, à laquelle l'ensemble des pays recourait. Même sans jamais évoquer les graves spéculations sur le riz, le blé, le soja qui provoquaient des famines, Sa Majesté crut avoir gagné sa joute et, en pointant le menton, proclama :

« C'est grâce à moi, ce sommet qu'on a réussi! J'ai même fait la une du *Times*! » Notre Leader Universel pensait avoir volé la vedette à M. Obama alors qu'il allait le lendemain se glisser dans une organisation militaire, l'OTAN, née autrefois de la rivalité entre l'Est et l'Ouest et dorénavant entre l'Orient et l'Occident. Le Prince avait décidé seul d'en rejoindre l'état-major, il croyait que c'était le bon moyen de constituer une défense européenne, alors qu'il allait la dissoudre dans une défense américaine où il ne choisirait rien, où il ne pourrait plus élever la voix en cas de désaccord, et, sous tutelle volontaire, perdrait son peu d'influence et son libre choix. Notre Suffocant Souverain, chez qui primaient les rapports de force, se donnait à lui-même une paire de claques. Il pensait flamboyer le lendemain à Strasbourg, qui fêtait le soixantième anniversaire de l'OTAN, quand il faisait allégeance à cet empereur de Washington qu'il espérait égaler.

S'il y avait un climat électrique à Londres, si des furieux par milliers affrontaient la police devant les murs sans fenêtres de la Banque d'Angleterre, si un marchand de journaux, qui rentrait chez lui, fut chargé par des bobbies, poussé, matraqué à la cuisse, mis à terre et mourut d'une hémorragie abdominale, la situation menaçait d'être aussi rude dans Strasbourg quadrillée depuis plusieurs jours.

Les Alsaciens étaient tellement enjoués des festivités promises pour fêter l'OTAN et le rôle nouveau que nous allions y jouer, lequel nous éloignait du monde arabe, qu'ils s'enfuirent à la campagne. Les habitants qui restaient dans la vieille ville devaient porter un badge et figurer dans un fichier spécial non déclaré. Ceux qui faisaient mine de protester en plantant un drapeau arc-en-ciel à leur fenêtre, recevaient la visite de policiers qui enlevaient ce fanion pacifiste. Les bouches d'égout avaient été scellées, des hélicoptères tournoyaient au ras des toits, des bateaux rôdaient sur le Rhin. Il y eut des heurts, c'était inévitable, mais contenus à la périphérie, quand des violents qui portaient des lunettes de piscine ou des masques à gaz se mêlèrent aux pacifiques pour attaquer les barrages d'une police serrée derrière ses boucliers comme une légion romaine. Dans le quartier du Port-du-Rhin, délaissé par un service d'ordre concentré autour de la cathédrale, il y eut un hôtel incendié, puis un centre commercial, une pharmacie, une station-service, à la grande frayeur des indigènes qui attendirent longtemps des pompiers pour asperger les ruines.

Ce fut néanmoins un beau sommet.

M. et Mme Obama arrivèrent au Hilton avec leur suite de neuf cents personnes ; ils furent reçus par Leurs Majestés dans la cour du Palais des Rohan où ils se congratulèrent avant, pour l'image, un délicieux bain de foule ; six cents militants impériaux du Bas-Rhin avaient été amenés en autobus avec des petits drapeaux américains. A partir de ce moment, les gazetiers oublièrent les deux empereurs et leur discussion autour de la guerre d'Afghanistan, pour ne plus s'attarder que sur leurs épouses. « Le charme au sommet », lisait-on, ou « Dans les coulisses, la complicité des deux premières dames ». Elles avaient des robes à lavallière, s'embrassaient, saluaient, souriaient en couverture des magazines. Elles se retrouvèrent à Baden-Baden, chez les Germains, l'une en Azzedine Alaïa et l'autre en Dior, puis elle se revirent devant un blanc de pintade et foie de canard en croûte de roseval. La Première américaine offrit à Madame une guitare de rocker, une Gibson en acajou et épicéa massifs qui fut portraiturée dans les gazettes. On saluait partout la simplicité de Madame et la spontanéité de la Première américaine qui, à Buckingham Palace, n'avait pas hésité, ô sacrilège, à passer sa main dans le dos de la reine vêtue en rose bonbon.

Il importait peu aux peuples que les deux empereurs se penchassent sur le problème insoluble qui consistait à distinguer les talibans modérés des talibans féroces, puisqu'ils se ressemblaient beaucoup, avec leurs turbans noirs et leurs barbes en taillis, et qu'on ne pouvait négocier qu'auprès des modérés qui posaient moins de bombes que les autres. Foin de ces finasseries afghanes! Les deux premières dames interprétaient comme des rouées de comédie leur rôle d'écran, sur quoi il faut s'attarder un court instant en posant la question : qu'est-ce qu'un écran ? A quoi sert-il ?

Le mot écran a trois définitions qui se contredisent mais auxquelles nos premières dames sacrifièrent ensemble.

I. Panneau servant à protéger de l'ardeur trop vive d'un foyer. *Pare-étincelles*, *pare-feu*.

2. Objet interposé qui dissimule ou protège. Bouclier. *Ecran de verdure*, *de fumée*. Rideau.

3. Surface sur laquelle on reproduit une image. *Ecran de projection. Ecran publicitaire.*

Ainsi étaient-elles, l'une comme l'autre, par leurs minauderies ou leurs tenues, à la fois un paravent derrière lequel se cachait la politique, dont elles nous épargnaient les étincelles et autres escarbilles, mais aussi la représentation colorée et vivante de la mode comme du spectacle. Pour en arriver à ce point de perfection, Madame était suivie, conseillée, mise en scène par M. de Charon. Ce M. de Charon était le Premier valet de chambre de Madame; il prenait en charge ses moyens de communiquer, à l'instar de son compère, Premier valet de chambre du Prince, M. de Louvrier; tous deux demeuraient auprès de leurs maîtres, tapis derrière une colonne ou une portière, comme des ombres, et ne souffraient point la lumière crue qui les dessinait trop.

M. de Charon avait l'apparence massive, lourdaude et rondouillarde d'un grossiste en charcuterie; l'œil pervenche, le poil tirant vers le roux, il portait des chemises brodées à ses initiales qu'il ajustait au col avec d'épaisses cravates mal nouées; son rang se devinait surtout à ses Weston cirées comme des miroirs, car il n'avait point besoin de se crotter au-dehors étant déjà tout crotté au-dedans : il mettait de la bile derrière ses boutades, du curare dans ses médisances, il avait plus de flair que de manières. Aux auteurs de notre patrimoine M. de Charon préférait la lecture des feuilles de caniveau, qu'il alimentait grâce à ses réseaux de familiers dans la haute police et le cabaret; voilà pourquoi sans doute Notre Farceuse Majesté s'amusa à le décorer des Arts et Lettres, une médaille qui rejoignit au revers sa Légion d'honneur et ses palmes académiques, prouvant par là l'inanité de ces breloques. Au rez-de-chaussée du Château, il avait épinglé dans son petit bureau cent portraits de Madame, et vous tendait une carte de visite ronflante, longue comme un menu de M. Guy Savoy chez qui il se restaurait :

> *M. de Charon, Premier valet de chambre de Madame, Conseiller au Château, Vice-Président du Conseil économique, social et environnemental, Conseiller rire et chanson de Sa Majesté, Ame damnée du Prince, Préparateur agréé en poisons.*

Comme Notre Satanique Monocrate, M. de Charon avait un goût très suivi de la vengeance personnelle. Ce faux nonchalant cousinait avec les murènes de l'empereur romain Tibère, à Capri, qui déchiquetaient les indésirables qu'il leur jetait, car, en fils de dentiste, M. de Charon savait jouer des canines. Un temps mis à l'écart par l'ancienne impératrice Cécilia, laquelle le traitait de gros inutile, ce fut lui qui lâcha dans des gazettes les déboires de son nouvel époux, pour l'atteindre, elle. Lui aussi qui avait naguère lancé des ragots contre la fille du roi Chirac, puisqu'elle l'avait évincé, à tel point que le vieux roi l'avait convoqué sèchement : « Monsieur, arrêtez de dire que ma fille couche avec tout Paris ! » Lui encore qui conseilla le commandeur Balladur pour une élection, et ce dernier, n'en pouvant mais de ses bavardages, dut prévenir en personne les gazetiers : « Je vous prie d'arrêter de croire les mensonges de M. de Charon ! » Lorsque l'archiduchesse des Charentes eut son appartement cambriolé et en accusa le Château, M. de Charon fit répandre l'idée que la faute en était à son fils ; celui-ci, sortant d'une soirée enfumée, avait mal fermé la porte. Plus tard, pour que l'archiduchesse vacillât, ce fut encore lui qui fit publier un portrait de son nouveau compagnon en filou. Toujours M. de Charon qui, avant que Notre Lumineux Leader ne rencontrât la comtesse Bruni, surveillait de près l'une de ses conquêtes, une échotière qu'il allait chercher à sa gazette pour la ramener chez elle, afin qu'elle tînt sa langue et ne divulguât point les galipettes de Sa Majesté. Désormais, M. de Charon couvait Madame et, œuvrant pour elle, il œuvrait pour son Prince en lorgnant vers le Sénat où il espérait un fauteuil.

A défaut de l'anglais, Notre Suffocant Leader parlait couramment le langage de la menterie. Quand il promit de s'occuper des ouvriers de l'usine de Gandrange, en Moselle, il s'exclama devant eux : « On m'a fait beaucoup de reproches, dans ma vie politique, pas de mentir. » Hélas ! l'usine fut fermée ; les ouvriers mis à la rue ne purent qu'édifier une stèle aux promesses jamais tenues de Sa Majesté. Lorsque le Prince Encensé disait en public : « J'veux rencontrer des vraies gens, j'veux aller dans les usines ! », chacun savait qu'il ne rencontrait jamais que des figurants dans des baraquements vides. Le Monarque affirma-t-il que les institutions ne voyaient rien à redire au fait qu'il nommât au sommet de deux banques un sien ami ? Bernique ! Il n'avait consulté personne et décidé seul ; sur les fenestrons, le cardinal de Guéant dut venir à son secours en une phrase qui résumait à elle seule la nature du régime : « Le Prince n'a pas menti, il a pris un raccourci. »

La parole d'en haut devint lourdement sus-pecte. La loi parlait par la bouche de Notre Ner-veux Souverain, et en dessous on approuvait, on se taisait et on tremblait. La soumission de la Cour avait été établie avant même que le Prince ne fût sur le trône ; aux gazetiers qui le suivaient en meute dans sa campagne pour le Château, il citait le cas de M. Louis de Funès, qu'il aimait comme lui-même, et qui, dans l'impérissable *Grand Res-taurant*, au travers du rôle de M. Septime terrorisait ses employés. « Quand je serai couronné, disait le Prince, je serai comme lui, ignoble avec les faibles et servile avec les puissants ! »

Pour se signaler, quelques-uns de sa clique imaginaient des mesures dont le Prince serait content. Mme d'Alliot-Marie, duchesse de Saint-Jean-de-Luz, inventa un matin de réprimer ceux qui manifestaient avec le visage couvert, et qu'on ne pouvait point reconnaître. « Si on repère un individu avec un masque de carnaval, demanda un chef de la police, comment les collègues iront le cueillir dans un cortège sans provoquer de la casse ? » Et s'ils sont une centaine, avec des masques à l'effigie de Mickey ou de Sa Majesté ? Les gardiens de l'ordre impérial étaient en alerte, ils ne voyaient plus autour d'eux que des injures lancées contre le Prince, que celui-ci nourrissait. A Marseille, dans le vaste hall de la gare Saint-Charles vers six heures du soir, comme des policiers contrôlaient sévèrement un homme au teint foncé, s'attirant la malveillance des autres voyageurs, un professeur de philosophie voulut détendre l'atmosphère ; il pointa l'index vers les policiers et cria sur un ton de théâtre : « Nicolas Ier je te vois ! » Il fut aussitôt embarqué parce que, dorénavant, même nommer Notre Cassant Monarque devenait une insulte à celui-ci. Le professeur fut mis à l'amende par un tribunal en vertu d'une jurisprudence de 1875 contre les manifestations bruyantes, même dans un hall de gare à l'heure de pointe, même si dans le brouhaha on n'entendit pas l'invective à plus de trois mètres.

Le climat se faisait lourd. Certains gendarmes récalcitraient dans un article de leur gazette interne intitulé « Déplacement de l'empereur Nicolas Ier à Valence ». Nous y apprenions que la visite de Sa Majesté avait mobilisé mille deux cent soixante-cinq gendarmes, qu'il avait fallu couper une voie rapide, acheminer de Lyon et par convoi spécial une passerelle pour l'aéronef impérial. Le signataire du libelle, un commandant dur à cuire, se disait écœuré par ces dépenses quand ses voitures de service affichaient deux cent cinquante mille kilomètres au compteur et que l'Etat s'en moquait.

Grâce aux mouchards électroniques disposés à notre insu, la moindre chuchoterie était amplifiée, la moindre image tremblée se trouvait servie brûlante sur cent mille lucarnes. Nous vivions dans un monde sans secrets, l'aparté n'existait plus, or Notre Volubile Leader n'en avait cure et il ne prenait aucune précaution avant de livrer son autosatisfaction et les mauvaises manières dont il se flattait. Au-delà de lui-même, il n'y avait que des *connards*; le Prince se faisait régulièrement les griffes sur ses homologues étrangers, pour en tirer gloire, et les feuilles des pays voisins se déchaînaient souvent contre ce Narcisse. Lors d'un déjeuner privé, au Château, il voulut railler le commandeur Jospin qui, après un échec électoral cuisant, s'était retiré de la vie politique. « Y en a des très malins, disait Sa Majesté, mais ça les empêche pas d'perdre, alors qu'y en a d'autres pas très intelligents qui se font réélire comme Zapatero. » Les gazettes ibériques ne retinrent que la seconde partie de la phrase et enflèrent le passage sur le Premier espagnol pour se déchaîner contre Notre Ahurissant Despote. Les démentis ne servirent à rien, car on savait partout sa goujaterie.

Leurs Majestés s'envolèrent cependant pour Madrid.

Le Prince devait y signer des accords avec, précisément, ce M. Zapatero, mais la visite d'Etat tourna presque tout de suite à l'événement mondain. Les gazetiers ibériques n'eurent d'yeux que pour Madame. Au dîner de gala, elle portait la grand-croix de Charles III en sautoir, marcha royalement sur les tapis du Palais et s'assit comme les cent vingt-neuf autres invités devant un plat d'asperges vertes et de langoustines, papotant avec Juan Carlos de Bourbon, car ils étaient tous deux nés en Italie. Sa Majesté sut se tenir et ne s'endormit point lorsque l'orchestre de la Garde interpréta *Le Carnaval des animaux* de M. Saint-Saëns; Madame était radieuse comme une relique promenée dans les rues de Séville, tout étincelante et douce. «J'ai adoré cette visite, dit-elle aux échotiers qui se pressaient, même si elle s'est faite au pas de course. C'est un peu la loi du genre. Je parle plusieurs langues mais très mal l'espagnol. Avec le roi Juan Carlos nous avons bavardé en français, avec la reine Sophie en anglais. C'était un plaisir d'être là. Les gazettes espagnoles ont été très aimables... »

Madame avait raison d'être satisfaite, puisque la seule image qui devait rester de ce voyage officiel, ce fut sa montée des marches du palais de la Zarzuela, de dos, à côté de la princesse des Asturies. Toutes deux, l'une en bleu foncé, l'autre en fuchsia, offraient au peuple le spectacle de leurs derrières également ronds.

Chapitre V

CE CHOUCHOU, QUEL BRAVE TYPE. — LES HABITS
NEUFS DE NICOLAS Ier. — MADAME POUSSE SES PIONS.
— HADOPI MON AMOUR. — ULTRA-COURTE VICTOIRE
IMPÉRIALE EN EUROPE. — UN VIEUX JEUNE HOMME
VERT. — PORTRAIT DU DUC DE FRANCFORT. —
CHANGER POUR NE RIEN CHANGER. — L'IMPORTUN DE
VERSAILLES. — LE MALAISE DE LA LANTERNE.

Un jour que Madame recevait dans
un salon doré du Château, pour les mieux impres-
sionner, cinq lectrices sélectionnées par une gazette féminine à gros tirage, et qu'elles conversaient entre dames de façon presque détendue, le
Prince fit son entrée, comme par hasard, et Madame feignit la surprise :

— Et voilà ! Dès qu'il y a des dames...

Les dames rirent de cette saillie, car elles savaient la réputation charmeuse du Pétillant Monarque, mais elles ne rirent point trop haut, inti-
midées par cette complicité, admiratives de se

retrouver dans l'intimité de leur seigneur qui, rouge, les traits tirés mais en costume et cravate, un mince dossier sous le bras, embrassa Madame sur les lèvres façon Clark Gable avant de confier aux lectrices : « Elle est en forme, hein ? » Il ajouta sans qu'on lui demandât rien qu'il sortait de sa douche parce qu'il avait été faire du sport, c'est-à-dire le tour du parc en short.

— On t'a pas vu, dit Madame. Moi je t'ai cherché.

— On m'a pas vu ? J'ai fait exprès.

— T'as fait exprès ?

— Ouais, pour vous laisser tranquilles.

On s'attendrit de longues minutes sur la ménagerie du couple modèle. Notre Tendre Autocrate s'attarda sur la chienne Clara qu'on lui avait offerte au Québec : « Elle avait un mois et j'ai fait une bêtise, je l'ai ramenée » (*rires émus*). Laissant ces dames à leur ravissement, le Prince prit soudain congé avec les termes d'un représentant de commerce attendu par un client :

— Continuez à bavarder. Moi j'serais bien resté avec vous mais j'dois recevoir le Premier ministre de l'Irak.

— Bon courage, Chouchou, susurra Madame en lui mettant la main aux fesses.

Dans l'encadrement de la porte du fond, on

voyait passer et repasser l'impatient Premier valet de chambre, M. de Louvrier, lequel chronométrait cet entretien spontané et enregistré pour les archives publicitaires impériales. En effet, Notre Mirifique Monarque était maintenant encadré par une équipe où Madame avait sa large part, car elle devait modifier l'image du Prince afin qu'il devînt plus humain aux yeux du peuple, pour que ce peuple, malgré bien des bévues, continuât à le consolider sur le trône. L'opération de la visite aux dames faisait partie d'un plan conçu. En outre, depuis quelques mois, Madame faisait profiter Chouchou de son entraîneuse sportive, qu'elle avait rencontrée au Ritz Health Club, la salle de mise en forme du palace de la place Vendôme où le bar, quoique non fumeur, osait porter encore le nom de M. Hemingway. Entraîné par la sportive de Madame, le remaniement physique de Notre Grand Sublime était miraculeux; il avait perdu quatre kilos de bourrelets et deux tailles de pantalon; il avait appris à ne plus succomber aux chocolats et à solidifier ses muscles de l'entrejambe car il pratiquait ce que les médecins spécialisés appelaient le *stop-pipi*, un exercice pour interrompre une fois par jour son jet d'urine et se renforcer de ce côté. La sportive de Madame travaillait avec des gros ballons roses et mous sur lesquels le patient se contorsionnait comme un phoque ; elle préconisait une espèce de yoga, censé agir sur le mental autant que sur le corps, afin d'empêcher le Prince de ruminer et adoucir ses humeurs mauvaises avant l'ulcère.

Madame eut ensuite l'effroyable tâche de lester la cervelle de Chouchou ; elle devait justifier sa fondation contre l'illettrisme et ne point se contenter de féliciter des lycéens dans la salle des fêtes du Château. Figurez-vous que Sa Majesté obéit à Madame et ne parla plus en public des *Bronzés* ou de M. Marc Levy dont les ventes l'impressionnaient. Bien sûr, derrière les volets clos, le Prince se laissait aller à un bras d'honneur qui envoyait paître la Commission européenne ou lâchait une bordée de jurons à l'intention des députés impériaux, ils ne se courbaient pas assez, mais il se surveilla, il se confia moins car il voulait éviter la fuite de ses vulgarités dans les gazettes. Avec Madame, que secondait M. de Charon, Notre Surprenant Béotien prit des cours accélérés de culture générale, comme s'il préparait un examen de rattrapage en révisant à outrance des matières négligées.

Dans *La Métamorphose* de M. Kafka, un pitoyable employé se réveillait transformé en punaise géante ; il s'agissait d'opérer à l'inverse et de changer un cancrelat en papillon multicolore, soit Notre Irascible Monarque en un Gracieux Chouchou fourré de littérature, de cinématographe, de musées et de concerts. Un ministre en témoigna : « Avant, dans l'aéronef impérial, Sa Majesté laissait quelquefois traîner un livre, maintenant elle l'ouvrait. » Le Prince lisait pour citer des passages ou estomaquer son entourage en racontant par le menu *La Petite Roque* de ce M. de Maupassant dont s'était entiché le vieux roi Giscard. Ces lectures relevaient plus du bachotage que d'une envie authentique et moins encore d'un plaisir ; lorsque Notre Attentif Souverain soulignait en jaune fluorescent des phrases entières de M. Sartre, il barbouillait *Les Mots* qu'il rendait du fait illisibles. Madame annonçait les stupéfiants progrès de Chouchou ; hier il avait regardé avec elle *La Mort à Venise* de MM. Mann et Visconti, et ce soir il regarderait *Pierrot le Fou* de M. Godard. Un jour qu'il posait devant lui un exemplaire corné de M. Zola, il avoua très fier qu'il avait lu dans la nuit tous les « Rougeauds-Macquart », parce que Notre Avide Suzerain ne faisait jamais les choses à demi, et quand il attrapait un auteur il voulait tout savoir de lui, ainsi dut-il digérer l'intégrale de MM. Lubitsch, Sautet et Woody Allen dont il vantait *Prends l'oseille et tire-toi.* Dans la foulée, il décida que chaque école eût un ciné-club et pût écouter M. Mozart parce que Madame l'avait emmené incognito au Châtelet entendre *La Flûte enchantée.*

Pour motiver Chouchou, Madame conviait des sommités étrangères à leur table; ils déjeunèrent avec MM. Dennis Hopper et David Lynch, ou Mlle Faithfull qui s'étonna que Sa Majesté n'ait jamais entendu parler de l'Illustre Fellini. Pfft! Le Prince avait serré la main de M. Leonard Cohen et M. Bob Dylan lui avait offert une ceinture texane. Au Château, Sa Majesté s'esclaffa pendant un dîner auquel Madame avait convié M. Houellebecq, duquel elle avait chanté un poème infantile. A la même époque, on vit Chouchou arpenter des expositions à succès comme *Picasso et les maîtres*, une sorte d'introduction à l'histoire de la peinture; une autre fois il resta en arrêt, le nez à trois centimètres du *Désespéré* de M. Gustave Courbet, et, puisqu'il s'abîmait dans la contemplation du tableau, on crut un moment qu'il se regardait dans une glace.

Les gazettes unanimes soulignaient l'effort de Madame et son utilité : « Madame a apporté dans sa dot une Gauche mondaine et médiatique. Principal bénéficiaire : Sa Majesté, qui affaiblit ainsi un peu plus le Parti social. » Ou encore :

146

« Madame, la conscience de gauche de Nicolas Ier. »
De gauche ? Les pages de mode féminine présentaient Madame en mannequin épanoui, joyeuse et
complice, cheveux détachés mais tailleur Dior,
« ballerines pour faire honneur à son mari » notait
l'échotière qui songeait aux talonnettes impériales,
mais Madame était-elle de gauche parce qu'elle
pinçait les cordes de sa guitare et livrait depuis
huit ans ses pensées secrètes à un psychanalyste ?
Sa Majesté mit son grain de sel : « Elle est plus
complexe que ça pour être qualifiée d'un *adjectif.* »
On vit qu'en grammaire, si la Gauche n'était point
un nom, Notre Fripon Monarque n'était pas au
mieux de sa forme, et qu'en matière d'adjectif,
c'était lui qui était gauche et Madame adroite
puisque effectivement son image la reliait à ce
Café de Flore qui symbolisait pour le Prince la
plupart des vices intellectuels, dont la syntaxe,
quand à sa terrasse ne s'asseyaient plus désormais,
à la saison chaude, que des touristes japonais.
Notre Phénoménal Souverain confondait les épo-
ques, il devait encore imaginer Mme Gréco, la
sirène de Saint-Germain-des-Prés, attablée aux
côtés de M. Sartre qui l'épiait en louchant. Le
Prince voulait-il Mme Gréco ? Il allait l'avoir dans
ses filets, mais il remontait pour l'heure à la surface d'autres poissons dont Madame lui glissait les

noms dans le tuyau de l'oreille. Ce fut elle qui évoqua M. Frédéric, le neveu dégingandé et fort dandy de l'ancien roi Mitterrand, qu'elle avait rencontré dans une soirée parisienne. A cause de son nom qui chantait la Gauche en triomphe, quoique lui-même eût toujours été de la Droite, avec un cœur de midinette et une popularité qu'il devait à ses récits sucrés de la vie audacieuse de Grace Kelly ou de Lana Turner, racontée en phrases longues d'une voix qui traînait, M. Frédéric fut nommé duc de Médicis, à Rome où nous possédions une enclave artistique ; si on reprochait au Prince ce genre de connivences, il s'enflammait : « S'y en a qu'ça démange de vouloir critiquer, eh ben faut savoir que j'vais pas m'interdire d'nommer des personnes sous prétexte qu'elles sont proches de mon épouse ! »

Parmi ces proches figurait le patron et actionnaire principal d'une feuille satirique qui fut libertaire et mal embouchée, avant qu'il la jugulât en la tirant au service du Monarque Choyé, malgré la réticence de l'équipage. C'était M. Val. Cet ancien chansonnier cultivait la révérence après l'irrévérence de ses débuts. En meilleur ami de son compagnon précédent, M. Val conservait de l'affection pour Madame, il chantonnait avec elle, lui faisait découvrir les vers de M. Borges et causait du docteur Freud. La légende veut qu'un jour ils conversaient dans un salon du Château, où M. Val avait désormais ses entrées; Chouchou arriva. Notre Ultrasympathique Souverain cherchait qui nommer à la tête des ondes impériales, puisque désormais il avait ce pouvoir. M. Val n'hésita point à suggérer le nom de M. Hees, auquel il était fort lié et qui avait déjà une longue carrière sur les ondes. «Très bonne idée», dit Madame. «Très bonne idée», répéta Chouchou. M. Hees avait une réputation de professionnel mais, en privé, affirmait qu'il avait chaque nuit des cauchemars en rêvant de Sa Majesté, parce qu'il ne souffrait point cet Attristant Monarque auquel il était allergique. Il se serait quand même ouvert à M. Val dans un restaurant proche de la rue des Saints-Pères; en mangeant des spaghettis, il déclara son envie de remplacer à la tête des ondes le baron de Cluzel qui jadis l'avait jeté dehors. «C'est archi-faux!» dit M. Hees de sa voix chaude. «Sans fondement! dégueulasse! On se croirait en Allemagne de l'Est!» glapit M. Val avec son vocabulaire sanguin et suranné. Notons que la réalité, qu'on ne saurait accuser de fausseté puisqu'il suffisait de la regarder, fit que M. Hees dirigea les ondes impériales sur ordre de Sa Majesté, et qu'il nomma son compère M. Val à la direction d'une station dont il n'était alors que chroniqueur. Estampillé par le Château, même s'il s'en défendait, cet ami de Madame quitta la gazette satirique où il avait officié dix-sept ans, et où il voulut imposer ses obsessions. Ainsi M. Val voyait-il partout des Munichois, des nazis et des antisémites comme M. Sartre s'imaginait entouré de langoustes. Lorsque le tonitruant M. Siné, qu'on appelait entre soi Monsieur Bob, s'en prit avec une cruauté blasphématoire au mariage du Prince Jean avec une riche héritière, c'en fut trop pour M. Val qui joua la peur : « Le Château va porter plainte ! On est foutus ! Je dois virer Siné ! » Et Monsieur Bob refusant de s'excuser à plat ventre devant Notre Outragé Suzerain, il fut congédié, mais, comme il était à lui seul une institution, il emporta dans son exil la moitié des lecteurs et fonda une nouvelle gazette plus mordante. M. Val eût-il été aussi empressé s'il n'avait pas voulu se rapprocher de la Cour ? Certains prirent sa défense, ils dirent qu'un homme sensible aux chats ne pouvait être mauvais, mais alors ? Monsieur Bob, lui aussi, était sensible aux chats, et il avait croqué ces animaux sous toutes leurs coutures ; soit, sa raison était particulière, et ce pourfendeur des prêtres, des soldats et des pandores l'avait expliqué : « Il n'y a pas de chats policiers. »

Sa Majesté continua à pêcher dans le vivier des artistes et des chanteurs à texte afin de plaire à Madame et de gonfler le nombre de ceux qui lui seraient reconnaissants. Il voulut passer pour le défenseur de leurs droits, que les machines électroniques bafouaient sans honte. Les chanteurs et les metteurs en scène étaient les premiers volés ; on avait calculé l'énormité du larcin : environ quatre cent cinquante mille de leurs œuvres se trouvaient chaque jour dérobées, sur lesquelles ils ne percevaient aucun centime. Le piratage causait des dégâts. Dans un petit bureau du Château, des conseillers élaborèrent une loi qui devait se montrer aussi inefficace que brutale, nommée Hadopi ; sous cette consonance de divinité égyptienne du Bas-Empire, affleurait le goût inné de Notre Fougueux Monarque pour la répression. Les pirates seraient pendus au grand mât ! Enfin, ils devraient payer ou moisir au cachot. La dernière mouture de cette loi bâclée supposait qu'on repérât le voleur, qu'on lui expédiât un message pour l'avertir, puis, s'il récidivait, une lettre recommandée avant que son dossier fût envoyé à la Justice impériale ; là, un magistrat spécial aurait à juger au moins cinquante mille cas par an, si cela ne le rendait pas fou. Les amendes allaient donc pleuvoir, au petit bonheur car les pirates professionnels avaient bien des ruses, et pleuvoir dans quelles poches? Ces fameux droits d'auteur, comment allaient-ils être répartis et entre qui? On ne savait rien, sinon que les délinquants endurcis seraient privés de leur écran. Le Parti social protesta au nom de cette jeunesse étourdie qui imaginait les saltimbanques vivre de très peu, mais qu'il convenait d'éduquer plutôt que de bastonner. Et puis l'accès aux écrans était devenu un droit de l'homme. Quoi? Le Château ouvrit la cage de deux perroquets qui s'envolèrent pour gazouiller le même couplet. MM. de Minc et de Guaino usèrent de la même comparaison avec les mêmes mots : « On peut couper l'eau et l'électricité à n'importe qui très facilement, mais l'accès au réseau des écrans électroniques, on ne saurait y toucher? » La récitation des deux perroquets reposait sur des fausses informations; en vertu de l'article L.115-3 du code de l'action sociale et des familles, il était très difficile de couper l'eau et l'électricité aux mauvais payeurs dans le besoin.

Ce fut la pagaille. Sa Majesté Grandiose réussit à retourner une part du monde culturel en sa faveur. Jusque-là compagnons du Parti social, des comédiens, des musiciens, des hommes de traiteaux ou de plume, Mme Gréco, s'écartèrent de la Gauche. Le Souverain triomphait en sourdine :

« Y va s'passer du temps avant qu'les artistes soutiennent à nouveau la Gauche ! » La bizarre transhumance ne fut point aussi complète que Notre Confondant Seigneur l'eût souhaitée. Les plus de soixante ans, qui n'avaient pas vu le monde changer autour d'eux, se prosternaient devant la déesse Hadopi, certes, et ils n'étaient pas les moins renommés, mais les plus jeunes, mieux au fait des techniques modernes, expliquaient qu'il fallait plutôt inventer une façon neuve de percevoir leur dû. Sa Majesté divisait à loisir un monde culturel sans boussole, cependant, ce qu'on piratait sur les écrans n'était pas gratuit pour tous, quelques-uns y gagnaient gros, ceux qui fournissaient l'accès à cette électronicaillerie ; ils pouvaient à leur gré couper l'image et le son aux abonnés qui oubliaient de les payer...

Laissant à d'autres ces arguties, Sa Majesté prolongea son travail de sape en s'introduisant dans une gazette connue pour son engagement du côté de la Gauche. Prendre pied chez l'adversaire pour s'y montrer calme et modeste, voilà ce qui lui permettait d'étendre son terrain de chasse, quitte à récupérer des électeurs puisque ses fidèles râlaient de plus en plus souvent. Un samedi, le Premier valet de chambre du Prince, M. de Louvrier, prit un contact avec le patron de cette gazette pour lui proposer ce débat exclusif. Pour l'échotier chatouillé, le mot *exclusif* fut magique; il convint aussitôt d'un rendez-vous avec le Prince Olympien, ce fut le lendemain dimanche à cinq heures du soir, au Château. Il s'y rendit avec son directeur favori, sans aucunement prévenir ses autres équipiers qui durent avaler un fait déjà accompli. Qu'en était-il? Ainsi qu'à son ordinaire, Sa Majesté avait un lot de réponses qui n'appelaient point de questions, et on s'en rendit compte dès le début de l'interminable tartine :

— Pourquoi, Sire, avoir choisi notre feuille, si critique à votre endroit, pour vous exprimer ?

— Parce que vous me l'avez proposé, répondit Notre Rusé.

Saurait-on jamais d'où vint la réelle décision? De quel valet de chambre ordinaire ou honoraire, sous les ordres de M. de Louvrier, arriva l'idée? Etait-ce de Madame? On savait l'antique intimité du gazetier avec elle, qu'il avait connue comtesse Bruni. Le texte publié, chargé de tiédeur et de complaisance, ressembla à un pensum; aucune question gênante ne fut improvisée, aucune réplique ne s'imposa, ne fût-ce que pour rétablir une vérité malmenée. Notre Prodige Intense put en parfaite quiétude peaufiner sa nouvelle statue de Monarque Serein. Il caressa au passage d'autres publicistes de la Gauche, regrettant d'avoir moqué l'un, saluant le dernier ouvrage de l'autre, se pardonnant à lui-même des écarts de comportement pour conclure avec une humilité exquise : « Il faut un temps pour se hisser à la hauteur d'une charge qui est, j'vous prie d'croire, proprement inhumaine. » Sa Majesté n'avait en effet plus rien d'humain.

Le deuxième anniversaire du règne fut d'une profonde discrétion, point de liesse ordonnée, point de manifestations spontanées, à peine quelques feuilles soulignèrent-elles un bilan maigrelet et des promesses en l'air ; leur seul feu d'artifice vint de ces panoramas qui présentaient le Prince en gibier de caricature, chez nous comme dans les Royaumes proches. L'indifférence dominait ; les autorités, dont celle de Sa Majesté, se dégradaient. Le peuple avait appris à se méfier, il se réfugiait dans un art de la débrouille qui renforçait son égoïsme : rien ne lui semblait plus crédible ni légitime quand on s'adressait à lui ; berné, il cultivait son jardin. Voici pourquoi les élections au Parlement de l'Europe furent décevantes et peu suivies. Cependant, pour mobiliser les impériaux, on en ramassa trois mille dans un vaste espace où une chorale de jeunes en capuches blanches chanta l'*Hymne à l'amour* accompagnée par des cornemuses, des tubas et des mandolines. Puis Madame déclara qu'elle donnait sa voix, ou ce qui en restait, à son mari, et on vit Leurs Majestés voter ensemble au lycée Jean-de-La-Fontaine, à quelques pas du stade Roland-Garros où ils avaient des habitudes.

Le Parti impérial l'emporta une fois encore mais sans réunir grand nombre ; si on calculait en fonction des votants réels sur l'ensemble des inscrits, Notre Prince fut déclaré vainqueur avec 10,8 % des voix, et cela signifiait que 89 % de ses sujets lui tournaient le dos. L'opposition s'était évaporée ; le Parti social comme celui de M. Bayrou qu'on surnommait François-Sans-Terre, à cause de son duché perdu en Béarn et de cent combats qui n'aboutirent pas, s'en trouvèrent affaiblis jusqu'au riquiqui pour avoir oublié l'Europe, qui était le propos, se concentrant dans la seule attaque contre Notre Sidérant Leader ; or, chacun appelait une alternative plutôt que des criailleries. Le Parti social contemplant son nombril en virgule, il manqua d'être doublé par celui des Verts qui prônait une nature propre, un retour au soleil et à la soupe de légumes, ce qui retint la sympathie avec un rien de nostalgie. Cette poussée verte fut manœuvrée par le duc de Francfort, M. Cohn-

Bendit, qui aimait en scène avoir le verbe haut et différent.

Le duc de Francfort devint célèbre à vingt-trois ans par ses manières de lutin, son poil roux, sa facilité à blaguer pour rallier un auditoire, toujours concret, espiègle et rigolard. Présentement, avec quarante années de plus, il s'était arrondi du ventre et des joues, ses cheveux grisonnaient, et, avec son regard bleu derrière des lunettes rondes, il avait pris l'aspect de ce M. Goldfinger qui autrefois affrontait M. James Bond. Il avait des restes d'une excellente éducation libertaire et des grâces même quand il voulait, et il le voulait très souvent. Il avait aussi toute la malignité et toutes les adresses pour accroître sa parole par des manipulations fines et déroutantes, n'étant jamais où l'on croyait, avec des audaces et de l'emportement.

Nous vîmes éclore son sens de la repartie pendant l'hiver de 1967. C'était dans un grand amphithéâtre de la Faculté de Nanterre dont les bâtiments neufs, glaciaux et déjà vieillots étaient plantés sur un ancien terrain de l'armée de l'Air, en bordure du bidonville géant que fit raser plus tard le marquis Chaban d'Elmas. Les étudiants y erraient entre deux cours, loin de Paris, car il fallait alors une heure et demie pour rejoindre la place de l'Etoile, en changeant de coche. Un soir à la Faculté, donc, les forcenés du Living Theatre y donnèrent une séance longue, lente, ennuyeuse où, pendant une éternité, assis en crapauds, ils dévidaient les mêmes mots comme un mantra, à propos de cette guerre du Vietnam que la jeunesse du monde rejetait : « *Stop the war... Stop the war... Arrêtez le guerre...* » Le duc de Francfort se leva soudain dans une travée et cria de sa voix qui portait : « S'agit pas de l'arrêter, la guerre, mais de la gagner ! » Ce furent ses premiers vrais applaudissements de comédien. Au mois de janvier suivant, le jeune duc réitéra, s'en prenant au ministre qui venait inaugurer une piscine, M. de Missoffe. Le duc de Francfort lui coupa la parole pour débiter ses doléances : « Vous entraînez la jeunesse vers le sport pour la détourner de la réalité, parce qu'il faut avant tout assurer l'équilibre sexuel des étudiants ! » Le ministre moucha l'agitateur : « Si vous avez des problèmes sexuels, plongez dans la piscine ! »

Il n'empêche que le duc de Franfort devint fort célèbre dès ce jour. Mieux : ce fut là qu'il inventa la méthode qui lui profita au long de sa vie et de ses rôles : d'abord une provocation langagière ferme ou moqueuse, parfois jusqu'à l'outrage, puis un ample retournement sur le ton de la complicité ou de la franche compréhension. Ainsi au lendemain de son altercation dite « de la piscine », le duc envoya-t-il une missive discrète à M. de Missoffe pour y reconnaître ses torts. Le duc fréquentait la fille du ministre, une étudiante qui deviendra comtesse de Panafieu puis duchesse des Batignolles ; le ministre savait par elle les talents et les exploits du trublion, qu'il convia en son Palais pour discuter de façon posée ; cela fit enrager le maître des polices, ce marquis de Peyrefitte qui cherchait à expulser le duc de Francfort à Francfort, puisqu'il avait un passeport de Germain.

La méthode du duc ne varia guère au fil du temps, qu'on pouvait qualifier d'*injure et chatouillis*. On la vit à l'œuvre sous le règne de Nicolas Ier, quand le souverain se rendit au Parlement de l'Europe. Le duc s'était glissé au premier rang des gradins, pour s'y vautrer au plus près des caméras, puis il lança une amère diatribe contre Notre Légendaire Monarque qui pactisait à ce moment avec l'empereur de Chine tandis que celui-ci massacrait au Tibet. Notre Prince en fut surpris, d'autant qu'ils s'étaient vus la veille en parfaite amitié, et la séance à peine achevée, des images montrèrent les deux hommes converser d'un air jovial qui contredisait l'échange. Le duc de Francfort était grandiloquent, drôle, narquois, mais on ne savait où il voulait aller, sinon qu'il voulait aller pour aller, et par ce travers réalisait la devise que Notre Fier Souverain partageait avec les studios Walt Disney : tout pour le spectacle.

Considérant au plus près les résultats de son armée dans le combat électoral, Notre Soufflant Monarque glorifiait sa victoire, mais, il le savait, la masse de ses partisans d'hier s'effilochait gravement, il devait y adjoindre de vifs bataillons mieux convaincus. Où les dénicher ? Dans les chiffres. Le nombre des Verts croissait, leurs soucis recoupaient les soucis du peuple, eh bien ils seraient les prochaines proies de Notre Impayable Leader, il les vampiriserait comme il avait vampirisé la Gauche, en dérobant des thèmes, des idées, des inquiétudes qu'il ferait siens, il s'emporterait dans ses discours sur les dangers du réchauffement, il parlerait de ces ours blancs qui pataugeaient déjà sur une banquise fondue, il ferait peur, il apporterait ses mots comme des remèdes, il dirait une fois encore : « Je ne vous mentirai pas », parce que son vocabulaire se raréfiait et qu'il tournait en rond, répétait d'anciens discours. Son socle de fidèles ne lui suffirait bientôt plus ; pour durer il fallait partir à la recherche d'autres alliés, s'ouvrir à tous vents.

Afin de se consoler, le Prince regardait avec délice les malheurs des autres chefs de l'Europe, aux peuples mêmement désenchantés par des partis en déclin. Même les Grands-Bretons supportaient des scandales. On apprit les extravagantes notes de frais de leurs élus, qui se faisaient rembourser le coiffeur, une couette pour chien, du champagne, une maison pour des canards domestiques, une perruque ou la location de films pornographiques. Un bon ami de Notre Angélique Leader, Lord Blair, avant sa démission avait réclamé plus de huit mille euros pour réparer le toit d'un de ses manoirs, et un autre ami excellent, le modèle de Notre Majesté, don Silvio Berlusconi, se faisait huer en Europe parce qu'il avait essayé de présenter au Parlement une liste de starlettes rebondies. Ah! ce don Silvio que Notre Prince enviait! Il avait acheté l'Italie et l'Italie le plébiscitait. Don Silvio se taillait des lois sur mesure afin que ses méfaits restassent impunis, il avait gagné vingt-deux procès, savait que la politique n'était que le prolongement des affaires et le moyen d'arrondir sa fortune; il l'avouait en riant : « Je suis entré en politique pour éviter la taule et la faillite. » Sa Majesté vénérait son programme, lequel consistait à promouvoir l'image des nouveaux riches en persiflant contre la Crise, cette invention de gratte-papier. Don Silvio avait franchi le cap des soixante-dix ans mais il était ravalé entièrement, lisse, teint, repeint, tiré, faux cheveux, fausses

161

dents pour sourires faux, hâlé comme un mannequin de vitrine, toujours entouré de beautés élan-
cées, vénales, peu couvertes et pleines de pulpe.
Son épouse lui reprochait son goût des jeunes
filles et des fêtes dénudées dans la villa Certosa,
vaste domaine avec un bunker antinucléaire au
bord d'une mer transparente, un volcan artificiel
pour réjouir ses invités, une piscine en forme de
palme, un théâtre à la grecque, des lacs artificiels,
un jardin de cactus. Pour l'heure, don Silvio se
sentait invulnérable. Les gazettes, les ondes, les
lucarnes lui appartenaient en entier ou à peu près ;
à son épouse en furie qui réclamait le divorce à
cause de permanentes bacchanales, il fit répliquer
dans ses feuilles, pour la détruire, par des bordées
de calomnies et d'anciennes images osées.
D'accusé, don Silvio se mua en victime, réussis-
sant l'une des stratégies favorites de Notre Prince ;
« Quel homme, ce Silvio ! » pensait ce dernier à
part soi, car Madame détestait cet Italien hâbleur
comme les Italiens la détestaient, elle, qu'ils soup-
çonnaient de jouer contre son pays natal.

Entre-temps, Notre Démesuré Seigneur avait
enfin rencontré M. Obama sur notre sol, et il avait
même posé à ses côtés pour solidifier sa gloire.
Afin de réussir la prouesse, ses Conseillers avaient

ausculté le calendrier, puis choisi l'occasion naturelle qu'ils trouvèrent dans les célébrations du Débarquement. Le Prince en fit illico une fête franco-américaine, au mépris des autres participants réduits à l'état de figurants. Notre Inspiré Leader écrivait l'Histoire à sa guise, mais quand il oublia d'inviter la reine d'Angleterre, celle-ci en fut vexée comme une puce et cela manqua tourner à l'incident diplomatique; M. Obama fit inviter son fils Charles pour rafistoler le protocole. Après un échange de généralités dans un salon de Caen, où Sa Majesté salua le foulard musulman pour se montrer au diapason de son hôte, si tolérant, les festivités eurent principalement lieu au cimetière de Colleville, une terrasse sur la mer où s'alignaient des milliers de stèles blanches; sous le gazon tondu dormaient depuis soixante-cinq ans des soldats du Nouveau Monde fauchés à la mitrailleuse par les Germains. Ce bout de territoire ayant été offert à l'Amérique, par malice ou pour le camouflet ce fut M. Obama qui reçut Notre Prince en France. Il y eut des discours fort nobles, tissés de beaux sentiments et de trémolos convenus, même un couac de Lord Brown, le Premier anglais, qui confondit Omaha Beach et Obama Beach; puis chacun s'en retourna. M. Obama avait triomphé, les ovations avaient été toutes pour lui, et soutenues, mais il n'avait aucune envie de prolonger la soirée en tête à tête avec Notre Envieux Monarque. Les services américains refusèrent le dîner prévu au Château, ce qui froissa Notre Piteux Leader, mais il s'en défendit par un mensonge de coquetterie : « Vous croyez qu'on a pas aut'chose à faire que d'faire des belles photos en papier glacé ? » M. Obama avait en effet d'autres occupations. Il retrouva à Paris ses filles qui avaient visité la capitale en bateau-mouche ; en famille ils allèrent à Notre-Dame où, rien que pour eux, on avait sorti des reliques fabriquées au Moyen Age, une couronne d'épines et un morceau de la croix devant quoi se recueillirent nos invités, qui allumèrent un cierge au pied d'un Christ noir, puis ils écoutèrent des enfants de chœur chanter deux motets de Mendelssohn. Le soir, dans un bistrot de la rue Saint-Dominique, La Fontaine de Mars, ils mangèrent en famille du gigot et burent de l'eau ; ce triste menu n'empêcha point l'établissement, désormais célèbre, de devenir un lieu de pèlerinage ; les clients demandaient la chaise où le fameux postère avait laissé son empreinte, et ils baisaient le rebord de la table, et ils méditaient devant l'assiette creuse où l'idole avait avalé à la cuiller une île flottante ; les recettes du bistrot augmentèrent magiquement de 12 %.

Afin de ne point montrer qu'il était ulcéré parce que M. Obama l'avait éconduit, Notre Manitou Suprême fit le gracieux ; on apprit au détour d'une allocution qu'il prononça à Courbevoie, peu après, pour expliquer aux foules qu'il était désormais question de travailler aussi le dimanche, ce qui était sa dernière lubie : « Est-ce que c'est normal que le dimanche, quand Mme Obama veut avec ses filles visiter les magasins parisiens, je doive passer un coup de téléphone pour les faire ouvrir ? » On s'aperçut que le Prince avait le pouvoir de faire revenir les caissières et les vendeuses de leur congé hebdomadaire, sur un ordre, à moins qu'il les eût remplacées par des gendarmes en civil qui donnaient le change ? Notre Capricieux Monarque avait une âme de chef de rayon ; il prenait ses sujets pour ses employés. Cette impression grimpa d'un ou plusieurs crans lorsqu'il réunit son Parlement au complet dans ce château de Versailles qui avait connu des générations de courtisans à genoux devant les rois. Ce fut dans l'hémicycle de l'aile du Midi que pour la forme Notre Prince convoqua les élus de tous bords, pressés sur des gradins pour l'écouter sans pouvoir lui répondre directement, car Sa Majesté ne supportait point les critiques. Il arriva comme le Bourgeois gentilhomme, tout au bout d'une longue galerie, entre deux haies de gardes républicains en uniforme d'apparat, monta au pupitre, jeta un œil énamouré vers la tribune où Madame était assise entre M. le Cardinal et son Premier valet de chambre, M. de Charon. Alors il parla aux paillassons venus l'entendre, ne leur dit rien de neuf et sembla manquer de conviction, ses phrases étaient plates, son intonation fort soporifique. On retint qu'en début du discours hâtivement préparé il évoqua la burqa, ce voile afghan qui ressemblait à une housse de fauteuil et cachait les femmes du haut en bas ; il affirma que nous n'en voulions pas chez nous, mais le problème se posait à peine, même si le chevalier de Guaino, qui ne s'était point surpassé, avait ouvert un album de M. Tintin sur le bureau du Prince pour lui montrer la planche 25 de *Coke en stock*, expliquant que n'importe quel braqueur de banque ou terroriste barbu pouvait se déguiser de cette façon afin de ne point être repéré, tel le capitaine Haddock, qui s'enfuit ainsi protégé de la ville de Wadesdah où il était recherché. Sinon ? Le Prince lança l'idée d'un grand emprunt dont il ne connaissait pas encore la somme ni l'usage, mais ce fut pour le principe, pour mesurer sans doute la confiance des gens aisés qui pourraient y souscrire en soutenant leur Irréprochable Leader. Sa Majesté s'en alla, les lustres s'éteignirent, chacun regagna Paris par ses moyens en se demandant ce qu'il était venu faire à Versailles; un député du Parti social confia dans un couloir au chevalier Le Febvre : « J'avais peur qu'on passe pour des cons, eh bien c'est le cas. »

L'été arriva mais le soleil ne brilla point également pour tous. Les paysans se lamentaient devant leurs troupeaux et leurs champs qui ne rapportaient plus grand-chose, un médecin sur quatre refusait de soigner les Parisiens trop pauvres, les députés furent privés de vacances pour siéger en râlant et voter à la chaîne des lois mal cousues; ils attendaient que la réfection de la grande verrière de l'hémicycle les libérât quelques semaines. Des ministres avaient changé de portefeuille, l'un passait de l'Education au Travail, l'autre de la Police à la Justice et cela ne changea rien. M. Frédéric quitta la villa Médicis pour qu'un Mitterrand fût à la Culture, et la princesse Rama, qui n'y connaissait rien en jeux d'équipe, échoua aux Sports en guise de punition. Les moins comédiens, lesquels passaient mal sur les lucarnes, furent carrément congédiés. Cela ne fit que des vaguelettes.

Il y eut en Italie un très inutile sommet des Grands de la planète, dont Sa Majesté, qui se tint pour le symbole et le mauvais goût dans un village dévasté par un tremblement de terre ; les habitants survivaient dans un camp de toile que don Silvio, exquis, avait comparé à un camping. Les Grands ne parlèrent pas de finance folle, ni du climat qui se réchauffait, ni de l'aide aux pays du Sud, ni des droits de l'homme ni de rien. L'empereur de Chine inventa une excuse pour se sauver : il avait des Ouïgours à réprimer. Madame fut du voyage à L'Aquila mais visita seule les rues défoncées, et, pour redorer son image auprès des Italiens, distribua l'argent des Français pour retaper un clocher branlant, avant de revenir plastronner dans les jardins du Château à l'occasion de la fête nationale. Sa mère, Mamma Marisa, s'y fit remarquer en portant un bibi en forme de galette mauve que décorait sur le devant une sorte d'épluchure de concombre. Dans le salon Pompadour, Madame confia à un échotier, pour que cela fût répété : « Avec Chouchou on se calme mutuellement. Le bonheur est quelque chose qui apaise. »

Hélas, Notre Apaisé Souverain espérait devenir aussi mince et svelte que M. Obama, chaque jour il soulevait des haltères, se dépêchait d'un pays à l'autre, ne se nourrissait plus que de fromage blanc et de framboises. Surtout, il courait. Où qu'il fût, il enfilait son short et partait en petite foulée malgré le chaud ou le froid, malgré le vent, la pluie, la fournaise. Il courait. Le dimanche 26 juillet, des promeneurs du parc de Versailles se firent doubler par Sa Majesté mais ne le reconnurent point; Notre Prince avait l'affreux rictus du coureur, les joues creuses, le teint cramoisi d'une langouste cuite et le souffle court. Quelques mètres plus loin il s'écroula. Des secours arrivèrent aussitôt de la Lanterne, où résidaient naguère les Premiers ministres mais que Notre Monarque avait annexée. Peu après, un hélicoptère rouge l'emmena à l'hôpital du Val-de-Grâce tandis que Madame arrivait sur la moto d'un policier, et qu'un autre hélicoptère l'emmenait à son tour. Comme il y avait eu des témoins, on ne put au Château cacher ce malaise; le Cardinal, au début de cette journée, lança un communiqué rassurant depuis son bureau. D'autres bulletins de santé furent donnés dans la journée par les services du Château mais jamais par les médecins qui soignaient Notre Surempereur redevenu ordinaire. Courir sous le soleil et le ventre vide, après cinquante ans, voilà qui était bécasson, mais puisque Sa Majesté ressemblait d'un coup à tous les gens de son âge et qu'il allait bientôt être grand-père, sa popularité gagna quelques points. Les médecins conseillant du repos, Notre Prince Souffrant dut se résigner à bronzer dans la villa de sa belle-mère, au cap Nègre, et il remplaça la course à pied par deux baignades quotidiennes que les gazettes nous montrèrent. On voyait le Souverain en Tarzan, qui rentrait son ventre et sortait ses pectoraux; Madame prenait la pose sur une pierre plate, avec un chapeau à large bord, des lunettes noires et des palmes...

Que pensiez-vous, Sire, sur votre chaise longue? A la rentrée d'automne, au fracassant procès dont vous menaciez le duc de Villepin qui vous faisait trop d'ombre avec sa prestance et son bagou, ah oui, vous y pensiez sans cesse, vous espériez le pendre à un croc, et cela vous tournait les sangs. Vous pensiez aussi établir votre dynastie sans deviner les tracas que vous alliez subir, les revers, les lazzi, les colères et le mépris. Ah! Sire, pourquoi n'abdiquez vous pas, comme Dioclétien, comme Charles Quint, avant que des manants ne vous jettent leurs chaussures, un lancement que votre ami Johnny Walker Bush esquiva à Bagdad peu avant son retrait de la politique. A moins que vous ne vouliez faire la fortune d'un chausseur comme ce fut le cas de Ramazan Baydan, lequel vendit trois cent soixante-dix mille paires de sa Ducati 271 qui faillit atteindre Johnny Walker en pleine figure.

(à suivre)

Table

DU MÊME AUTEUR *(suite)*

Avec Michel-Antoine Burnier

LES AVENTURES COMMUNAUTAIRES DE WAO-LE-LAID, Belfond, 1973.
LES COMPLOTS DE LA LIBERTÉ : 1832, Grasset, 1976. (Prix Alexandre-Dumas.)
PARODIES, Balland, 1977.
1848, Grasset, 1977. (Prix Lamartine.)
LE ROLAND BARTHES SANS PEINE, Balland, 1978.
LA FARCE DES CHOSES ET AUTRES PARODIES, Balland, 1982.
LE JOURNALISME SANS PEINE, Plon, 1997.

Avec Jean-Marie Stoerkel

FRONTIÈRE SUISSE, Orban, 1986.

Avec Bernard Haller

LE VISAGE PARLE, Balland, 1988.
FREGOLI, un spectacle de Jérôme Savary, *L'Avant-Scène Théâtre* n° 890, 1991.

Avec André Balland

ORAISONS FUNÈBRES DE DIGNITAIRES POLITIQUES QUI ONT FAIT LEUR TEMPS ET FEIGNENT DE L'IGNORER, Lattès, 1996.

Cet ouvrage a été imprimé en France par

à Saint-Amand-Montrond (Cher)
en janvier 2010
pour le compte des Éditions Grasset,
61, rue des Saints-Pères, 75006 Paris.

Nº d'édition : 16093. — Nº d'impression : 100088/4.
Première édition : dépôt légal : décembre 2009.
Nouveau tirage : dépôt légal : janvier 2010.